AF311673

REMARQUES
FONDAMENTALES
SUR
QUELQUES ECRITS
DE LA COUR
DE VIENNE,

QU'ON A TACHÉ D'INSERER

DANS

LES ACTES
DE
L'EMPIRE
PAR
LA DICTATURE.

MDCC. XLIV.

AVANT-PROPOS.

O N a déjà répandu dans le Public, de la part de la Cour de Vienne, bien des Ecrits, où l'on se dispense du respect & des égards qui sont dûs aux Têtes couronnées, à la Verité, & aux Loix de l'Empire. Au lieu de raisons solides, on n'y avance qu'invectives, que déguisemens, & que des calomnies de la fausseté desquelles ceux-mêmes qui les debitent, doivent être convaincus. On n'y a menagé aucune des Puissances avec qui cette Cour a eu des demêlez; mais il n'y en a point qu'on ait attaquée d'une manière plus méprisante, plus grossiére, & plus outrageuse que Sa Majesté Impériale.

Tous ces Ecrits sont les productions de la plume effrénée d'un homme, touchant lequel ceux qui sont du parti auquel il est attaché, ses adherens mêmes, sont forcez de convenir, qu'il a causé à la Cour du feu Empereur, autant de tort & de dommage, par la fougueuse indiscrétion de sa plume, que par ses conseils orgueilleux, chimeriques & mal digerez.

Malgré tout cela, la plûpart des Puissances & Etats, qui y sont insultez d'une manière si indécente, & particuliérement Sa Majesté Impériale, ont eu la générosité de ne punir que par le mépris, des Libelles qui se refutent d'eux-mêmes, & des calomnies qui ne deshonorent que l'Auteur qui ose les debiter; On ne lui a pas fait l'honneur de le juger digne d'une reponse.

Mais l'abus de l'impunité va trop loin: on pousse l'effronterie jusqu'à vouloir faire glisser entre les Actes de l'Empire ces Libelles diffamatoires, contre l'honneur de Sa Majesté Impériale & de l'Empire; & on se sert pour cela, du frivole & specieux prétexte, de vouloir uniquement mettre en sureté, par le reméde des Protestations, & des Reserves qui est permis, des Droits particuliers que la Cour de Vienne prétend avoir été violez. On attaque l'Empereur & l'Empire même, & au mépris de tout ce qu'il y a de plus respectable dans l'Empire, & de plus sacré, on entreprend de détruire, d'une manière inouïe, ce qui est le plus legitime, & le plus conforme à la Justice & à la Raison. On voudroit, s'il étoit possible, tout renverser, brouiller le Chef avec les Membres, & les animer les Uns contre les Autres.

A la vûë de ces excès, un Allemand équitable ne peut plus enfin retenir son zèle, ni differer plus-long-tems de repondre à l'Auteur de ces Libelles, d'une manière qui découvre le poison, qu'il tâche artificieusement de déguiser

dans

dans ses Ecrits. Cette Reponse est donc nécessaire, afin que tout Lecteur bien intentionné pour la patrie, ait moins de peine à appercevoir les faussetez que cet Ecrivain avance ; les demandes qu'il fait au mépris des Loix ; les calomnies atroces qu'il debite, contre la Majesté même ; & enfin, la malignité dominante de toutes ses expressions.

On s'est renfermé, autant qu'il a été possible, uniquement dans l'affaire dont il est question, & on s'est bien gardé d'imiter le style grossier & indécent de cet homme. On n'a pú cependant se dispenser, en quelques endroits (sur-tout en ceux où il s'agit de la Majesté outragée) de relever par une qualification convenable les écarts de cet Ecrivain effrené, & il peut bien s'attendre, que s'il s'obstine encore à repandre ses calomnies par de pareils Libelles diffamatoires, il trouvera SANS SORTIR DE L'ALLEMAGNE, *des plumes, qui seront en état de le relancer, & de le châtier par écrit comme il le merite ; en attendant que le tems soit venu, de lui faire subir une Punition plus forte, qu'il a encouruë depuis long-tems.*

Le Public *impartial reconnoîtra suffisamment, qu'autant de fois qu'à la* Cour de Vienne *on a dans l'esprit quelque mauvaise manoeuvre qu'elle ne peut faire réussir à son gré, on y est accoutumé de crier, que le* Droit de la Nature & des Gens *est violé, & que tout ce qu'il y a de plus sacré est enfreint ? C'est alors que l'on se couvre du prétexte, de maintenir* La liberté des Etats de l'Empire & les Privileges du Corps Germanique, *que l'on supose étre* menacez ; *quoique cependant, si on en juge par la considération des tems passez, on ne se soucie guères à* Vienne *d'en connoître ni le nom, ni la chose. C'est ainsi qu'on s'y abstient, moins que jamais, de ces violentes déclamations qui portent à faux ; & on ne se desiste point du temeraire Dessein qu'on ne laisse que trop entrevoir, d'inspirer de la défiance aux Etats de l'Empire contre Sa Majesté Impériale, & de Les commettre ensemble, afin d'avoir l'occasion de pécher en eau trouble & de détacher l'Empire de son legitime Chef.*

REMAR-

REMARQUES
FONDAMENTALES
SUR
QUELQUES ECRITS
DE
LA COUR DE VIENNE,

Qu'on a tâché d'inſerer

Dans les ACTES de l'EMPIRE par la DICTATURE.

MEMOIRE
Des Barons de PLETTENBERG & de PALM,

remis le 16. d'Août 1743.

A Majeſté la Reine de Hongrie & de Bohème, Archiducheſ-
ſe d'Autriche (1) notre très-gracieuſe Dame, a appris, non
ſans beaucoup de ſurpriſe, qu'à Francfort on a voulu depuis peu au nom de la Couronne de France, faire une Dé-
CLARATION (2) ſavoir; „ Que le Roi Très-Chrétien ayant
„ été informé de la Réſolution priſe par la Diéte générale de l'Empire
„ d'in-

R E M A R Q U E S.

(1) Avant toute autre choſe il eſt ici
à remarquer par rapport aux formalités,
que contre le ſtyle uſité à la Diéte de
l'Empire, cet Ecrit n'eſt adreſſé à perſonne, ni ſigné par aucun Miniſtre qui
ſoit légitimé d'une manière convénable
& qui ſe trouve préſent dans le lieu où
ſe tient la Diéte. On ne ſauroit objeƈter
que Mr. de la Nouë, Miniſtre de France, n'a donné ſa Déclaration que comme
un Mémoire, car il eſt acrédité auprès
de la Diéte dans toutes les formes, & les
Miniſtres des Couronnes étrangères ne
donnent guères que de cette manière, ce
qu'ils ont à repréſenter. Mais quand
un Etat de l'Empire veut repréſenter à

l'Empire quelque choſe qu'il ne peut faire
entrer dans ſes ſuffrages, il doit le faire
par un écrit régulier, adreſſé à l'Aſſemblée de l'Empire. L'Electeur de Mayence n'auroit certainement pas reçu d'un
autre Etat de l'Empire, un écrit pareil à
celui-ci; vû ſur-tout, que l'écrit même
découvre la raiſon pour laquelle on a eu
recours à un moyen ſi inuſité; ſavoir,
qu'on n'y veut pas reconnoître la Diéte
pour légitime, ni ſa tranſlation à Francfort comme conforme au droit.

(2) La Déclaration ne s'eſt pas ſeulement faite à Francfort au nom de la Couronne de France. Il y a plus. Le Miniſtre de cette Couronne, Miniſtre ac-

A

cré-

„ d'interpofer fa Médiation . . . . avoit vû avec beaucoup de plaifir
„ qu'il fe fût ouvert une voyc, auffi convénable pour rétablir la tran-
„ quillité de l'Empire, & procurer la paix entre les parties bellige-
„ rentes ; Que le Roi a appris avec une égale fatisfaction , qu'il y
„ avoit une négociation entre SA MAJESTÉ LA REINE ET L'ELE-
„ CTEUR DE BAVIÈRE (3), par laquelle du côté de *la Bavière*, on
„ cherchoit à pacifier par des voyes amiables les différens furvenus en-
„ tre eux; & que comme les troupes Françoifes ne font entrées dans
„ l'Empire qu'en qualité d'Auxiliaires, après y avoir été appellées
„ par le Chef & par plufieurs des plus puiffans Princes de l'Empire,&
„ que depuis l'*Electeur de Bavière* a embraffé la neutralité; Sa Ma-
„ jefté Très-Chrétienne n'a pas différé d'envoyer à fes armées les or-
„ dres

R E M A R Q U E S.

crédité, a fait cette Déclaration à l'Affemblée de l'Empire, par un écrit en forme. A n'en juger que par les expreffions
de cette Expofition, on pourroit s'imaginer que cette Déclaration n'eft qu'un
fimple papier répandu par quelque particulier, & qui auroit couru de main en
main. Ce n'eft point-là le cas. Ceux
qui voudroient faire paffer pour Déclaration de quelque particulier, celle que Mr.
de la Nouë a remife au Corps de l'Empire, par ordre de fa Cour, dans les formes ordinaires, n'en fauroient avoir
d'autre motif, fi-non que la Cour de Vienne, ne veut point reconnoître l'Empereur, ni l'Empire, ni la Diéte de Francfort ; & fi la DICTATURE qui a été faite
de cet écrit, fubfiftoit, & que cet écrit
demeurât parmi les ACTES DE L'EMPIRE,
on ne pourroit le régarder que comme
une approbation au moins tacite que
l'Empire donneroit aux fentimens de la
Cour de Vienne.

(3) On découvre encore mieux ici la
manière infoutenable dont cette Dicftature a été furprife, & ménagée. Les Miniftres de Vienne ne qualifient point Sa
Majefté Impériale autrement, qu'en l'ap-
pellant l'*Electeur de Bavière*, dans les
paffages mêmes qu'ils fuppofent copiés de
la Déclaration de M. de la Nouë, dont ils
femblent citer les propres termes. Ainfi,
ils ne reconnoiffent point l'Election de
Sa Majefté Impériale pour légitime. C'eft
cependant ce que l'Electeur de Mayence
approuve pour ainfi dire: Il reçoit cet
écrit, & le fait dicter ! Quand un Archi-
Chancelier fait , & eft bien perfuadé,
qu'il y a un Empereur légitime, una-
niment élu, que lui-même & tout l'Empire l'ont reconnu comme tel, il ne peut
certainement pas recevoir, fur-tout d'un

Co - Etat de l'Empire , encore moins
admettre à la Dicftature un écrit , où le
titre Impérial eft expreffément réfufé, où
l'on prétend que l'Empereur n'eft point
Empereur, qu'il n'a point été légitimement élu, & que par conféquent le trône
eft encore vacant. S'il le fait, il devient
complice; il donne une approbation au
moins tacite au refus du titre Impérial.
Cela ne fe peut combiner avec la recon-
noiffance qu'il a lui-même faite de l'Empereur, ni avec fa charge d'Archi-Chancelier, qu'il ne fauroit exercer , s'il n'y
avoit point d'Empereur. Cela eft contraire à toutes les Conftitutions de l'Empire, & même à la Bulle d'Or, où il eft
ftatué, que quiconque a pour lui un feul
fuffrage de plus que la moitié des Ele-
cfteurs, doit être reconnu comme ayant
été élu légitimement: à plus forte raifon
celui qui a été élu unanimement par huit
Electeurs. Comment accorder cela avec
la Déclaration qui va être faite plus-bas
au nom de la Cour de Vienne, toute in-
fuffifante qu'elle eft. Cette Cour dit qu'elle ne veut point attaquer *la qualité arrogée* de chef de l'Empire. Puifque Madame la Grande-Ducheffe ne veut point
attaquer la qualité de Chef de l'Empire,
Elle ne doit pas difputer à Sa Majefté
Impériale le titre d'Empereur, ni contefter
qu'il ne foit véritablement Empereur ;
puifque c'eft une qualité effentiellement
attachée au Chef de l'Empire : mais on
fe figure à Vienne que nonobftant cette
Déclaration invalide, on ne peut, ni ne
veut reconnoître Sa Majefté Impériale
comme Empereur. Non-feulement cette Déclaration eft une proteftation contre
le fait, mais encore la Cour de Vienne
perfifte dans fa prémière oppofition à tout
ce qui s'eft fait, quoique fait avec la par-
ti-

„ dres pour se retirer sur les frontières du Royaume, étant bien-aise
„ de donner en cette occasion à tout l'Empire un témoignage sincère
„ de la pureté de ses intentions, & de la volonté où elle est de concou-
„ rir au désir commun de l'Empire & à l'affermissement de la bonne
„ correspondance & du bon voisinage selon les traitez ".   Il seroit su-
perflu de déveloper les vues cachées sous cette Déclaration & de prévenir les remarques qu'on y pourroit faire.   La plupart sautent aux
yeux, & les affaires dont il s'agit sont encore de trop fraiche date,
pour qu'on ait eu le tems de les oublier.   Long-tems avant qu'à l'exclusion de la voix de Bohême & par conséquent contre le réglement de
la Bulle d'Or (4), on fit l'Election, les païs de Sa Majesté la Reine de
Hongrie & de Bohème, garantis par tout l'Empire & par la France
même

ticipation de tous les Electeurs & de l'a-
veu de tout l'Empire.   Comment l'Electeur de Mayence a-t-il pu, en recevant
& portant à la Dictature cet écrit contre les loix de l'Empire, contre son propre fait, contre la résolution unanime du
Collège Electoral, contre la reconnoissance de tout l'Empire, contre la charge d'Archi-Chancelier, passer non seulement sous silence la non-reconnoissance
de Sa Majesté Impériale pour Empereur,
mais même l'autoriser en quelque façon
par une approbation tacite ?

(4) C'est ici la prémière proposition
qui n'attaque pas tant Sa Majesté Impériale, que le Collège Electoral, & l'Electeur de Mayence lui-même; & qui n'a
pas le moindre rapport à la Déclaration
de Mr. de la Nouë.   Il seroit trop long
de rappeller ici tout ce qui a été allégué
pour & contre, au sujet de la voix de
Bohème pour l'Election Impériale, & sur
la question, si une femme est capable de cette fonction ?   Ce n'est pas ici le
lieu de faire voir combien peu sont fondées les prétensions que la Cour de Vienne a formées à cette occasion.   On n'allé-
guera point non plus, comment, par l'injuste prise de possession du Royaume de
Bohème & de la Succession d'Autriche,
que la Cour de Vienne s'est arrogée,
le feu de la guerre s'est allumé, cette
Cour ne voulant entendre à aucun accommodement équitable . quoique cette Succession soit contestée à la postérité féminine du feu Empereur Charles
VI. en vertu des Droits les plus justes & les mieux fondés.   Il suffit de dire que dans ces circonstances, le Collège Electoral, & ce qui est à remarquer, y compris l'Electeur de Mayence lui-même, après une longue & mure

délibération, a statué que *la voix de Bo-*
hème devoit cesser & se réposer pour
cette fois, & sans préjudice: C'est la teneur de ce qui fut arrêté le 9. Novembre
de 1741. par le Collège Electoral.   Il est
vrai qu'à l'Article I. §. 3. de la Capitulation de Charles VI., il est dit que sans le
consentement préalable des Electeurs,
Princes & Etats, nul ne pourra être admis à avoir séance ou voix dans les Collèges de l'Empire, ni en être exclus: Il
n'est rien arrivé de pareil; mais comme
la charge d'Electeur en vertu de la Bulle
d'Or, ne peut être exercée que par un
homme, & que ni dans les Loix de l'Empire, ni dans ses Usages, il ne se trouve
là-dessus aucune exception à la Règle, en
faveur de la voix de Bohème, & qu'en
tout cas chacune des parties auroit prétendu disposer de ce suffrage, & qu'enfin
l'Empire ne pouvoit demeurer sans Chef,
le Collège Electoral fut donc obligé pour
cette raison & autres importans motifs,
de procéder à l'Election, en laissant réposer pour cette fois la voix de la Couronne de Bohème, en conservant néanmoins
à cette Couronne & à ceux qui la possé-
deront à l'avenir, & qui conformément
à la Bulle d'Or, seront habiles à jouir du
suffrage Electoral, leurs Privilèges &
leurs Droits, comme il a été arrêté par
une Conclusion unanime.   Il faut de deux
choses l'une; ou que la Protestation dont
il s'agit, faite sous prétexte que la voix
de la Couronne de Bohème a été exclue
contre la Bulle d'Or, soit un Acte sans
nécessité ni utilité; ou, qu'il doive produire quelque effet.   Si c'est le prémier cas
de cette alternative, pourquoi le Directoire
a-t-il reçu & fait dicter cet écrit? Si c'est
le dernier, il faut en revenir à la discussion
des questions, qui ont été agitées en 1741.

A 2

savoir,

même de la manière la plus obligatoire , avoient été hoſtilement atta-
quez (5) ; de nombreuſes Armées Françoiſes étoient entrées ſur le territoire de l'Empire , pour en renverſer la tranquillité intérieure & la
ſûreté, & cela (6) par une infraction manifeſte, des traitez de paix
ſur leſquels il n'y a aucun fonds à faire avec cette Couronne. Quoique
ſa-

ſavoir, ſi une femme à qui cette Couron-
eſt échue, peut donner le ſuffrage Electoral, par elle-même ou par ſes ambaſ-
ſadeurs , ou ſe ſubſtituer ſon mari, qui
n'eſt pas lui-même Roi de Bohème, ni
ne peut le devenir ? ou ſi ce ſont les E-
tats du Royaume , ou le Parent le plus
proche, pourvû qu'il ſoit du ſexe maſ-
culin, qui doivent faire cette fonction ?
ou bien ſi c'étoit au Collège Electoral à
juger definitivement le procès de la Succeſſion & à decider à qui le Royaume de
Bohème appartient ? Comment peut-on
donc juſtifier, auprès du Collège Electoral,
d'avoir ôté, ſans lui en rien communiquer,
ſans lui en faire rien ſavoir, s'engager
dans une affaire ſi importante, & qui
plus eſt, decidée *pour cette fois-ci* par
un conſentement général ? de donner un
conſentement au moins tacite à un Ecrit
où l'on prend à partie tout le Collège E-
lectoral, & où même on traite d'injuſte
ce qui s'eſt fait par tout le Collège ? Outre cela, la Capitulation de Charles VI.
Art. 3. porte bien expreſſément, que les
Electeurs , leurs ſucceſſeurs, & héritiers
conſerveront leurs libres droits d'élec-
tion, ſelon la teneur de la Bulle d'or : ce
qui eſt également inferé dans la Capitulation de la nouvelle Election. Si donc Madame la Grande-Ducheſſe eſt réellement
Electeur ? ſi , quand la queſtion capitale ſera reguliérement diſcutée, il ſera decidé
que non-obſtant ſon ſexe, elle peut aſſiſter à l'Election ou en perſonne ou par ſes
Plenipotentiaires ? en ce cas on a ſuffiſam-
ment pourvû à ſes Privilèges pour l'avenir,
& il n'étoit pas beſoin de Proteſtation,
puiſque la dernière Capitulation auſſi-bien
que les précédentes, ont mis ces droits &
ces Privilèges en ſûreté.

(5) Les Garanties ne ſauroient ôter à
perſonne ſes Prétenſions fondées en droit ;
ſi-non les garanties ſeroient injuſtes & contraires à tous les Droits de la Nature & des
Gens. Sur ce pied-là, quiconque a de
juſtes Prétenſions à craindre, n'auroit qu'à
ſe faire des Alliez, à obtenir leur garantie , à s'en faire un rempart , & par ce
moïen les Prétenſions ſe trouveroient a-

néanties : Chacun voit combien ces principes ſeroient abſurdes. Dans le cas préſent, il y a une Circonſtance plus forte
encore à remarquer, c'eſt, que le feu Empereur lui-même , quand il demanda la
garantie, déclara *qu'il ne ſouhaitoit rien,
qu'autant qu'elle ne portoit préjudice à
perſonne* : Or vouloir aujourd'hui expli-
quer cette garantie, comme ſi elle avoit
la force d'anéantir toutes les Prétenſions,
quelques fondées, quelques juſtes qu'elles
ſoient, ce ſeroit aller directement contre
l'intention même du feu Empereur ; contre la Déclaration faite par l'Empire ſur
ce pied-là, & à cette condition ; & même contre l'équité. Un tiers qui n'eſt
point juge dans une affaire, ne peut dépouiller perſonne d'un droit acquis, ni le
juger, ſans l'avoir entendu. Ainſi on ne
peut alleguer les garanties , contre des
Prétenſions bien plus anciennes & mieux
fondées, & on peut bien évidemment prouver que ce n'a jamais été l'intention de
l'Empire. Bien plus ; la garantie n'a été
donnée qu'*en ſuppoſant ce qui étoit à
ſuppoſer* ; car on n'a produit aucun titre
de famille de ceux qui ſont alleguez dans
la Pragmatique, & qui doivent lui ſervir
de baſe. Comment donc l'Empire auroit-
il pû, ou voulu décider une pareille ſuc-
ceſſion pour les tems à venir, ſans en excepter le préjudice d'un tiers, ſans en
avoir vû les Documens, ni écouté la
partie intereſſée ? Qu'on nous diſe de la
part de la Cour de Vienne, ſi, avant que
d'en venir à dreſſer la Pragmatique-Sanction, on a examiné à fond ſi elle étoit
appuïée ſur des préſupoſez vrais & fondez en droit, & ſi les droits de quelques
tiers n'y étoient point leſez ? Ou plutôt ſi elle n'a pas été imaginée uniquement pour détruire d'avance, par une force ſupérieure,
toutes les Prétenſions les mieux fondées ?
Si le dernier eſt vrai, comme il eſt
plus clair que le jour, & que l'Empereur
Charles VI. a lui-même déclaré qu'il ne
vouloit point dépouiller les autres tiers
d'un Droit acquis, ni leur porter aucun
préjudice ; on ne ſauroit donc reclamer les
Garanties, juſqu'à ce que, ſoit par une ſen-
tence

sadite Royale Majesté ne puisse pas reconnoitre pour bon & valable tout ce qui s'est fait d'illégitime à son exclusion & contre la Constitution fondamentale de l'Empire, avant qu'elle ait une satisfaction suffisante & des sûretez à l'avenir pour le maintien de ses inestimables droits (7). Mais qu'au contraire vû les grandes defiances qui s'augmentent

Remarques.

tence juridique, (à laquelle on ne peut guères s'attendre sur l'affaire dont il s'agit) soit par un accommodement amiable dont les conditions conformes à l'équité naturelle ont été bien expressement marquées d'avance par l'Empereur Charles VI, toute cette succession ne soit nétoïée & que par là on fasse voir de la part de la Cour de Vienne qu'en effet ce qu'on appelle la Pragmatique-Sanction, ne préjudicie à personne; ou que les Prétensions ont été éteintes par des voyes justes & amiables, & que les Intéressez ont été satisfaits sur les Prétensions qu'ils ont eües, & dont, sans être oüis ils ne sauroient jamais être dépouillez, par un tiers, qui n'est pas leur juge.

(6) Dire que les Armées de France sont entrées sur les terres de l'Empire pour en renverser la tranquillité intérieure & la sureté, c'est une accusation sans fondement. Sa Majesté Impériale en qualité d'Electeur de Bavière qu'Elle étoit alors, avoit sur la Succession d'Autriche les Prétensions les plus grandes & les plus fondées. Elle ne les a point dissimulées du vivant même de Charles VI. Elle a fait au contraire assez voir qu'elle ne pouvoit reconnoître les dispositions insoûtenables que cet Empereur avoit faites. Elle a offert de finir cette affaire par les voyes de la douceur, & de prévenir toutes les querelles par un accommodement équitable. Il s'est passé même bien des mois après la mort de l'Empereur sans qu'Elle prît les armes. Elle espéroit toujours qu'à Vienne on rentreroit en soi-même, & qu'on prendroit des Conseils moderez. Tout cela n'a servi de rien. Elle s'est donc vue forcée d'entrer en guerre; elle a demandé à la France en vertu des Traitez qu'elle avoit avec cette Couronne, des secours, qu'elle en a reçus. Le droit de faire des alliances avec les Puissances Etrangères, appartient bien autant à la Sérénissime Maison de Bavière, qu'à l'Autriche & aux autres Etats de l'Empire. Mais Elle n'a point mené les troupes Auxiliaires Françoises dans les Païs des Etats de l'Empire qui n'entroient point

dans cette querelle, pour y vivre sans payer. Elle n'y a point fait commettre toutes sortes d'exactions criantes, ni pillé des villages, ni établi des campemens durant plusieurs mois, ni pris des quartiers d'hyver dans l'Empire; comme nous l'avons éprouvé de la part des prétendues troupes Auxiliaires du parti opposé, qui ne laisse pas encore de nous en vanter la bonne conduite. Mais les troupes Françoises, après des requisitoires préalables & conformes aux Constitutions de l'Empire, sont allées par le droit chemin, en Baviere, d'où elles ont marché vers les Pays qui étoient en litige par raport à la Succession. Elles ont gardé une exacte discipline, telle qu'on ne l'avoit encore jamais vû observer par les troupes Impériales Autrichiennes; Elles ont tout regulièrement payé, Elles n'ont donné à aucun Etat occasion de se plaindre. Elles ne se sont point mélées des affaires intérieures de l'Empire, ni ne les ont troublées; & quoique les plus puissans Etats de l'Allemagne se fussent déclarés de même contre la Cour de Vienne, on n'a point cherché à entraîner dans les demélés de la Maison de Bavière, ni le Corps Germanique en général, ni aucun des Etats de l'Empire qui étoient neutres. On a encore moins tâché de faire violence à l'Empire, ni de le mettre à force d'intrigues dans la nécessité de s'engager dans une guerre générale, sans espérance d'aucun avantage, & avec certitude au contraire de perdre beaucoup. Que l'on considére cette conduite, avec ce que nous avons vû depuis peu devant les yeux, & à quoi aboutit le but que l'on se propose dans l'Ecrit du parti opposé: tout Lecteur impartial appercevra aisément, qui sont ceux qui ont le plus contribué au renversement de la tranquillité intérieure & de la sureté en Allemagne, ou qui songent le plus à les renverser à l'avenir.

(7) Ces mots cachent un poison si dangereux, que tout l'Empire seroit menacé de ruïne si la Cour de Vienne avoit assez de pouvoir pour exécuter les desseins

gmentent de jour en jour, & qui influent extrêmement fur les droits communs des Etats de l'Empire, elle fe voye obligée, de réïterer les actes de
Proteftation qu'elle a rendu publics par l'impreffion, & les Eclairciffe-
mens contenus dans l'écrit que Sa Majefté a addreffé à S. A. Elect. de
Mayence (8); & d'infifter, pour qu'on veuille enfin les porter à la
Dictature (9); Sa Majefté a néanmoins toujours déclaré & déclare encore de nouveau, auffi nettement qu'il eft poffible, que fa prife d'armes

R E M A R Q U E S.

qui font cachez fous ces expreffions. Elle déclare bien expreffément que tout ce qui s'eft fait à fon exclufion, eft illegitime & contraire à la conftitution fondamentale de l'Empire; qu'elle ne peut l'admettre comme valable, jufqu'à ce qu'elle aît eu une fufifante fatisfaction, & une fûreté pour l'avenir. Mais qu'eft-ce donc qui s'eft fait depuis la mort de Charles VI? Prémièrement, Sa Majefté Impériale a été élue par les fuffrages unanimes du Collège Electoral, & reconnu de tout l'Empire. Enfuite Sa Majefté le Roi de Pruffe a fait valoir les droits qu'il avoit fur une partie de la Silefie, & enfin on lui a cedé la plus grande partie de ce Du-ché. Après cela on a continué la guerre, & cela n'a pu fe faire fans qu'il en cou-tât beaucoup à la Cour de Vienne & que quelques-uns des Païs, dont elle a pris pof-feffion, n'ayent fouffert beaucoup. A préfent la Cour de Vienne ne veut rien tenir pour bon & valable, à moins qu'on ne lui donne une fatisfaction fuffifante, & une fûreté pour l'avenir. Ainfi felon fa penfée, il faut reparer tout cela; remettre tout dans fon ancien état, caf-fer tout ce qui s'eft fait, & la dedomma-ger de tout ce qu'elle a perdu. Là-def-fus elle s'imagine qu'elle peut ruïner à fon gré d'autres Païs fur lefquels perfonne n'a rien à prétendre. C'eft ainfi qu'on en a ufé avec l'Electorat de Bavière & le Pala-tinat de Neubourg, où, fur-tout dans le premier, on a fuccé l'Habitant jufqu'au fang; on y a exercé & on y éxerce enco-re actuellement tout ce qu'on peut fe fi-gurer de plus barbare, de manière que ce Païs ne fauroit fe rétablir en cinquan-te ans. Pour en faire un véritable dé-dommagement, cela montera à plufieurs millions, & comme on eft entré dans ce Païs par tous les côtez & qu'on y peut toujours entrer de même, on doit fon-ger à établir une fûreté qui empêche que ces irruptions ne foient plus à craindre dans la fuite. On peut juger de foi-mê-me fi par les principes de la partie op-

pofée, il eft bien pourvû au repos de l'Empire? Si les Electeurs & Etats peu-vent fouffrir qu'un fimple Co-Etat com-me eux, prefcrive de pareilles Loix? Si au cas que ce projet s'éxécutât, toute l'Allemagne ne feroit pas bouleverfée, & déchirée: à quoi néanmoins tout ce qu'il y a de plus puiffans Etats dans l'Empire doivent bien s'attendre en pareil cas? Et quel fond on peut faire fur la folidité des accommodemens qui ont été faits? Je le repéte encore; à moins d'une fuffifante fatisfaction, on ne veut point à Vienne tenir pour bon & valable ce qui s'eft fait. Or il n'eft pas poffible de parvenir à cet-te fatisfaction. Donc, felon les princi-pes de Vienne on ne tiendra rien pour bon & valable, quand toute l'Allemagne devroit être abîmée!

(8) Le peu de fondement de cette proteftation & l'infuffifance des explica-tions contenues dans l'Ecrit addreffé à S. A. Elect. de Mayence, font des chofes toutes vifibles. Mais comment concilier cela avec les Déclarations qu'on a faites de ne vouloir point aigrir les Efprits, ni fermer le chemin à la reconciliation? Sans parler du contenu même, qui éft très mal-fondé, tout le ftyle en eft menagé de façon, qu'on s'apperçoit bien que l'Au-teur, qui ne s'y fait que trop reconnoî-tre, n'a eu d'autre but que celui d'em-brouiller de plus en plus les affaires, par un verbiage artificieux & auffi dénué de vérité, que de folides raifons, & d'en-traîner tout l'Empire vers fa ruïne; de-forte qu'on pourroit lui rappeller à ce fu-jet les mêmes paroles dont s'eft fervi la Cour Electorale de Mayence dans un E-crit imprimé & public, au fujet d'un Refcrit Circulaire de Vienne daté du 2. Février 1742. & forgé dans la même boutique; favoir *,, que le meilleur feroit ,, que cet écrivain qui joue fi mal le Rôle de ,, Miniftre en Chef, (au cas qu'il foit pré- ,, deftiné à s'y maintenir,) put ouvrir les ,, yeux & devenir fage à la vûe des pertes ,, qu'il a caufées à fa Souveraine qui meri-*
,, toit.

mes jufte & forcée, & tout ce qui s'en eft enfuivi, felon le droit fon-
damental de l'Empire, & les regles les plus inconteftables du Droit de
la Nature & des Gens, n'a point été pour attaquer la Dignité qu'on s'arroge de Chef de l'Empire, (10) mais uniquement pour défendre fes
propres Etats hoftilement envahis, contre la Bulle d'or, la Paix Publique, (ou le traité de Paffau) les traités de Weftphalie, quantité
d'autres traitez, & contre une garantie promife avec ferment, & pour
main-

R E M A R Q U E S.

„ toit plus de bonheur & de meilleurs Con-
„ feils, & qu'enfin il prît les chofes dans
„ l'état où elles font effectivement par fa
„ propre faute ".

(9.) On ne veut pas alléguer que dès
que la Cour de Vienne a l'injuftice de ne
reconnoître ni Sa Majefté Impériale,
comme Chef de l'Empire legitimement
élu ; ni la Diéte de Francfort où elle à
été transferée de Ratisbonne par l'Empereur & l'Empire, il n'y a plus pour
elle de Dictature Impériale, où elle
puiffe recourir pour fes affaires. On
ne s'arrêtera point non plus fur ce que
la Dictature Impériale de l'Electeur de
Mayence n'a pû être faite, fans contre-
venir aux Loix de l'Empire, parce que
dans la Capitulation de l'Election Article XIII. §. 7. il eft dit en termes ex-
près, que quand les Mémoires préfentés
ne feront pas conçus avec tout le refpect convenable & fans aucune expref-
fion trop forte & indécente, ils ne pourront point être portez à la dictature par
le directoire de l'Empire fans la communication préalable, & la déliberation du
collége Electoral. C'eft pourquoi à l'Article VI. §. 2. de la Capitulation de l'E-
lection, il eft ftatué qu'une affaire qui
concerne la fureté de l'Empire & fon
Etat public, ne doit pas être du reffort
de chacun en particulier, mais qu'elle
doit être decidée du confentement des
Electeurs donné en plein collége. On fe
contentera ici de rémarquer qu'on déce-
le par là les deux principaux objets qu'on
s'eft propofé en dreffant le préfent Mémoire & en le préfentant. Il eft vrai
qu'on a pris le prétexte, comme fi
ce n'étoit qu'une réponfe à la déclaration
préfentée par Mr. de la Noue ; mais
c'eft à quoi on a le moins fongé. Le
grand but étoit de faire gliffer entre les
actes de l'Empire, fans qu'on y prît garde, d'une manière fubreptice, & obrep-
tice, cet Acte, quoique nul de foi-même, mal-fondé, directement oppofé à
la Bulle d'or, dérogatoire aux préroga-

tives du Collége Electoral, rempli d'expreffions améres, de calomnies atroces,
& de fauffes criminations. On mar-
quera plus bas quel eft l'autre but.

(10) On s'aperçoit ici, d'une manière palpable, qu'il n'y a rien dans cet
Ecrit qui ne foit dit dans un double
fens. On auroit bien voulu perfuader
que dans ce Mémoire l'Election de Sa
Majefté Impériale eft tacitement approu-
vée, & qu'on l'y reconnoît en qualité de
Chef de l'Empire : on fe fert pour cela
de ce paffage ; mais fi on ne fe contente
pas de le voir fuperficiellement, on y
decouvre bien-tôt tout le contraire. En
prémier lieu, l'Auteur bien récon-
noiffable de cet Ecrit, ôfe traiter
de *qualité arrogée* la qualité du Chef Su-
préme de l'Empire, élu legitimement
par les Suffrages unanimes : Comme fi
Sa Majefté Impériale s'étoit emparée de
la Couronne par des voyes injuftes, ou
qu'Elle fe fût elle-même arrogé la qualité d Empereur, & qu'Elle ne lui eût pas
été déférée par une Election unanime ;
ainfi on auroit le plus grand droit du
monde de traiter cette fougueufe plume
& ces fcandaleufes imputations en *Crime*
de LEZE MAJESTÉ. Outre cela, tout ce
paffage ne dit rien de plus que ceci, favoir, que la guerre n'a nullement pour
objet d'attaquer la *qualité arrogée* de Chef
fupréme de l'Empire, c'eft-à-dire en bon
François, que la guerre ne fe fait point
contre Sa Majefté Impériale comme Empereur, ou par rapport à la Dignité Impériale dont il eft revétu ; Mais eft-ce là
une réconnoiffance de la très haute dignité de Sa Majefté Impériale ? Cela
marque-t-il qu'on veut agir envers Elle
felon les loix de l'Empire, & qu'on eft
difpofé dès à préfent à la réconnoître ?
On pourroit à bon titre emprunter ce
que dit plus bas l'Auteur lui-méme, &
en faire une meilleure application que la
fienne : Savoir, qu'il „ faudroit avoir ve-
„ ritablement renoncé aux lumières de la
„ rafon, ou s'être aveuglé foi-même, ou
B 2
„ avoir

maintenir ſes précieux Priviléges qui étoient extrémement violez (11.); à quoi il faut ajouter qu'il eſt incompréhenſible comment la couronne de France peut envers l'Empire s'en rapporter au dernier Traité definitif, par où elle a ci-devant cherché à juſtifier ſon injuſte rupture, ſur ce que ce Traité de Paix n'avoit point été ſolemnellement ratifié par l'Empire. Comment eſt-il poſſible de concilier qu'on ſe prévale d'un Traité, envers une partie de laquelle on a objecté qu'il n'avoit pas été ratifié, & qu'en même-tems on attaque l'autre partie qui l'a ratifié ſans delai, de la manière qu'on l'a ſouhaité (12.). Ce peu de Réflexions devroit ſuffire pour faire voir avec conviction, combien eſt déſtituée de fondement la Déclaration qui a été faite à Francfort; mais outre cela il eſt connu non-ſeulement de tout l'Empire, mais encore de toute l'Europe, avec quelle attention particuliére le Traité a été obſervé de la part de feüe Sa Majeſté Impériale, de manière même que cette attention a été diverſement blamée par ceux qui ont enſuite montré le reſpect le plus

timide

R E M A R Q U E S.

„ *avoir des vues ſecretes pour penſer ſerieu-* „ *ſement ainſi* ".

(11) Outre que cet Ecrivain eſt accoutumé à alléguer à chaque ligne de ces accuſations générales, mais ſans fondement, & contraires à la Vérité, il croit que par ſon ſtyle (auquel on le reconnoît toujours) il jettera de la poudre aux yeux de ceux qui ne ſont point au fait des affaires. On peut ſe rappeler ici ces mots de l'Ecrit de l'Electeur de Mayence déjà cité; ils le caracteriſent parfaitement bien. „ *Le deshonneur qui en revient, retombe* „ *ſur ſon ſtyle, de même que ſur les extrava-* „ *gantes idées de l'Auteur* ". Quand Sa Majeſté Impériale s'eſt vue forcée à faire valoir ſes droits, Elle a eu pour motif de maintenir ſes precieux droits, bleſſez, & violez par de nouveaux arrangemens diamétralement opoſez aux anciennes Conventions matrimoniales & domeſtiques. Quand toutes les propoſitions amiables, toutes les voyes de douceur n'ont été d'aucun fruit, elle n'a fait que ce qui lui étoit permis en vertu de la Conſtitution de l'Empire, de la Bulle d'or, du Traité de Paſſau, des traitez de Weſtphalie, des anciennes Conventions domeſtiques, & des Renonciations. Elle n'a pu empêcher qu'on ne demandât une garantie ſans aucune autre condition, ſi-non qu'il ne ſeroit point préjudicié à ſes droits; ni même qu'on la promît; mais il n'eſt pas vrai qu'elle l'ait donnée avec ſerment, comme l'avance fauſſement l'Auteur de l'Ecrit.

(12) Il y a dans ce paſſage autant de fauſſetez, que de mots. Il n'eſt pas vrai que la France ait rompu avec l'Empire, ou qu'elle lui ait déclaré la guerre; puiſqu'elle n'a encore attaqué ni le Corps de l'Empire, ni aucun Etat particulier, ni ne s'eſt ſaiſie d'aucun pouce de terre ſur l'Empire. On ne ſauroit demontrer & jamais on ne démontrera, que la France ait déclaré nul & non valable ſon Traité avec l'Empire, ſous prétexte qu'il n'avoit point été ſolemnellement ratifié. Il eſt notoire que depuis la dernière guerre, la France n'a point commis d'hoſtilitez contre l'Empire. Mais ici ſe decouvre le ſecond objet dont il a été parlé dans la dixième rémarque, & le voici. L'Ecrivain, dont toutes les penſées tendent à bouleverſer tout l'Empire, voudroit bien faire accroire que la France a attaqué l'Empire, qu'elle a déclaré non valable la paix faite avec l'Empire, & qu'ainſi elle eſt veritablement en guerre avec l'Empire. Delà il reſulte ſelon lui, que l'Empire doit de même déclarer la guerre à la France. Voilà à quoi tendent toutes les fictions & tous les efforts de cet Ecrivain. Car ç'a toujours été la Politique de la Cour de Vienne. Il y a des Siécles qu'elle eſt dans l'uſage d'entraîner l'Empire dans ſes demêlez particuliers, ſans ſe ſoucier beaucoup, s'il y trouvera ſon avantage, ou non. Elle n'a jamais eu égard à ce qui convenoit à l'Empire, qui a enfin ſacrifié & qu'on a obligé à la fin de perdre des pays conſidérables, des Villes, des Provinces pour indemniſer la France des fraix de la guerre. C'eſt ainſi qu'on voudroit bien à Vienne recommencer la vieille chanſon,

c'eſt

timide pour la France (13); quoiqu'elle n'eut en vue ni de porter le moindre préjudice à un tiers, ni de negliger aucunement le bien public, mais seulement helas! elle avoit simplement en vuë la connoissance anterieure, trop confirmée ensuite par l'expérience, du mal affreux qui menaçoit non-seulement notre chere patrie, mais aussi toute la chrétienté, & de le detourner (14.) soigneusement. Sa Majesté la Reine de Hongrie & de Bohème n'a pas moins marché sur les glorieuses traces de son Pere. Elle n'a certainement point à se réprocher d'avoir rien négligé de ce qu'il y avoit à faire pour entretenir la paix avec la France. Pour cet effet elle a fait remettre de fréquens écrits au Cardinal Fleuri & s'est plusieurs fois offerte à dissiper les doutes (15.) que quelques-uns s'efforçoient de semer pour attiser le feu d'une guerre générale (16.) par des vues particuliéres & ambitieuses. Elle a réclamé une Paix jurée, la droiture & la bonnefoi, & tout ce qu'il y a de plus sacré & de plus ferme dans la société humaine; mais

inu-

c'est dans cette vue qu'on a le front d'avancer que l'Empire n'est point en paix avec la France. Mais est-ce bien là le sentiment des Etats de l'Empire? Pensent-ils à s'engager dans une guerre contre la France, sans nécessité, sans qu'elle leur en donne aucun sujet? Souffriront-ils qu'un Co-Etat de l'Empire leur en impose la Loi? Comment peut-on justifier la demarche faite, d'avoir sans la participation ni le consentement de personne, dicté un pareil Ecrit, qui établit ouvertement, quoique faussement, qu'il n'y a point de paix avec la France, & que par consequent il faut faire la guerre à cette couronne, sans qu'elle en donne aucun sujet, sans qu'on puisse en esperer aucun avantage & avec le risque évident de fournir le théatre de cette guerre; ce qui donneroit lieu aux suites les plus fâcheuses, si la France vouloit en profiter & attaquer hostilement l'Allemagne.

(13.) L'Auteur de ce Mémoire ôse en cet endroit taxer de la plus indecente timidité, ceux qu'un peu plus bas il appelle les fidéles Alliez de la Cour de Vienne. C'est ainsi que son extravagante Plume est accoutumée à écrire contre toutes les régles de la saine raison. Seroit-il bien possible que son audace, contre des Têtes puissantes & alliées, restât plus long-tems impunie?

(14.) On en appelle à tout Lecteur impartial, pour nous dire s'il y a rien de raisonnable dans tout ce galimatias. Une *attention que quelques uns ont taxé d'être même une timidité doit n'avoir eu nullement en vûe le préjudice d'un tiers, ni la négligence*

du bien public, mais que l'on *soit confirmé par l'experience dans une connoissance anterieure du mal affreux dont toute la chrétienté est menacée*, l'Auteur en voulant parler *d'un mal affreux* qui n'éxiste nulle part que dans son cerveau, se sert d'un style *affreux* qui donne à chacun plus de compassion pour le trouble & le derangement de ses idées, que de veritable intelligence de ce qu'il voudroit dire, ou plûtôt faire accroire à ses Lecteurs.

(15) Il ne s'agissoit point d'éclaircir *les doutes* avec des paroles où il n'y avoit que de la fierté, & qui en effet n'éclaircissoient rien. Il étoit question de savoir si à Vienne on étoit réellement dans l'intention de donner une satisfaction équitable à ceux qui avoient de justes Prétensions. Mais tout le monde sait à présent qu'on n'y a jamais fait le moindre pas pour cela; que les représentations les plus moderées n'y ont point été écoutées, & il n'y a personne, quelque peu instruit de ce qui est arrivé depuis trois ans, qui ne doive savoir combien ce qui est écrit ici, est de nouveau contraire à la Verité.

(16) L'Auteur du Mémoire parle *d'attirer une guerre générale* & il en accuse d'autres personnes, qu'il n'ôse pourtant nommer, tandis que qui que ce soit ne fait mieux que lui, que c'est l'unique but de la Cour de Vienne. On le decouvre assez dans ce Libelle, savoir; que toute l'Europe en général, & l'Empire en particulier, soient en combustion, & que ses projets, que tout ce qu'il y a de gens raisonnables regardent comme chiméri-

C

ques,

inutilement ; les mauvais confeils ont prévalu : la refolution étoit prife d'opprimer Sa Majefté & fa fereniffime Maifon Archiducale , & on n'a rien oublié pour s'affurer du fuccès d'un fi injufte projet, jufques-là qu'on n'a point fait fcrupule d'allumer le feu de la guerre dans le Septentrion , & d'inciter la Porte Ottomane.(17) Pour autorifer une conduite fi inouie, on a cherche à fe couvrir du manque de ratification folemnelle de la part de l'Empire , (18) comme il a été dit ci-deffus, & du frivole prétexte d'excepter fecrettement & par une reftriction mentale de la Garantie donnée publiquement, les droits d'un tiers qui font de nulle valeur (19) ; prétexte, qui s'il devoit a-voir lieu, annulleroit d'avance tous les traitez à venir & par-là le lien de la Société humaine feroit entiérement rompu. (20.) De ce prétex-te infoutenable il s'eft enfuivi qu'on a fait à Sa Majefté la Reine & à fes Sujets tout le mal qu'on a pû leur faire, & caufé des pertes ex-trèmes, & tant qu'a duré l'efperance de pouvoir opprimer entié-rement la fereniffime Maifon Archiducale, on a fermé la porte à tou-tes

ques, foient exécutez, malgré le Traité de paix folemnellement juré ; au mépris de la droiture , de la bonnefoi & de ce qu'il y a de plus facré dans la Société hu-maine.

(17.) CALUMNIARE AUDACTER, femper ALIQUID HÆRET ; *Calomniez hardiment, il en refte toujours quelque trace*, c'eft la ma-xime favorite de l'Auteur. Ce n'eft pas la première fois qu'on a amufé le public par des fables de cette nature ; jufqu'à préfent perfonne ne s'étoit avifé dans un Ecrit public, de fe plaindre de ces préten-dus mauvais manéges dans le Septentrion ; mais ce qui eft arrivé à une des Cours du Nord, au fujet des dangereufes intrigues d'un Miniftre de Vienne, & s'il avoit en-trepris quelque chofe de pareil, c'eft ce qu'on laiffe au jugement du Public ? Le nom de la Porte Ottomane eft un ancien épouventail dont le Miniftere de Vienne fe fert quand il veut échaufer les Efprits: Mais comme cet artifice eft vieux, il eft ufé ; & la répetition qu'en fait notre Au-teur, ne lui donnera pas un nouveau crédit.

(18.) Le manque de ratification de la part de l'Empire, n'a rien de commun avec les Prétenfions qui concernent la Cour de Vienne ; ainfi il étoit fort inuti-le de l'alleguer ; de plus, on ne voit pas que lorfqu'on en appelle à l'autorité pu-blique, le difcours d'un particulier ou d'un autre puiffe être de quelque poids.

(19.) Comment l'Auteur peut-il dire que les Droits d'un tiers ont été refervez mentalement, & fecretement exclus des

garanties promifes, puifque le feu Em-pereur Charles VI. a déclaré bien net-tement, qu'*il ne demandoit cette garan-tie , qu'autant qu'elle ne préjudicioit point à un tiers* , & que la promeffe n'en a été faite à aucune autre condition que celle-ci, qu'on y avoit mife en la pré-fentant ? Il eft inutile d'avoir recours au deguifement, quand les Actes & les De-crets de Commiffion Impériale parlent eux-mêmes.

(20.) Quand deux ou trois qui ont la force en main, fe joignent enfemble, & que, fans s'être jamais informez fi le Droit d'un tiers eft fondé ou non, ils veulent, fous le nom d'une garantie, pro-noncer fur un droit dont ils ne font pas les juges, & decider que le tiers eft de-bouté de fon droit, parce qu'il n'eft pas de leur convenance qu'il en jouiffe, & cela fans l'avoir du moins écouté ; En ce cas, peut-on dire avec verité qu'à l'a-venir tous les Traitez font fans force, & que le lien de la Société humaine eft rompu ?

(21.) Tout le monde fait le contraire ; favoir, qu'avant & après la prife d'ar-mes, on a toujours déclaré qu'on fe prê-teroit volontiers à un accommodement amiable. On en voit la preuve dans les Decrets de Commiffion Impériale, qui ont été publiez, dans un tems où les affaires fe trouvoient dans un état bien different de celui où elles font à préfent. A-t-on voulu à Vienne donner le moindre accès aux propofitions pacifiques ? Y eft-on en-tré en aucun plan pour le retabliffement

de

tes les ouvertures pacifiques (21); tant que les Armées Françoises
ont pû fe maintenir fur le territoire de l'Allemagne, au lieu de feindre
comme on fait à préfent, on s'eft piqué d'en inonder le territoire d'Armées Françoifes l'une après l'autre (22). Mais Dieu qui eft jufte a
recommencé à rélever la fereniffime Maifon Archiducale précifément,
dans le tems qu'on la croioit entiérement oprimée. Et il faut avoir
renoncé non-feulement à tout fentiment Chrétien, mais auffi à toutes les lumières de la raifon, fi on ne veut pas reconnoître le doigt de
Dieu dans les grands Evenemens qui font furvenus l'un après l'autre,
(23) fur-tout quand la plus grande partie de la Nation Françoife fait
connoître qu'elle ne l'y méconnoit pas. A moins donc que de vouloir bien s'aveugler foi-même, ou d'avoir des vûës particuliéres, il
n'y a perfonne fur qui puiffe faire la moindre impreffion la conduite
que tient aujourd'hui la Couronne de France, qui après avoir échoué
dans fes injuftes deffeins, non-obftant les extrémes efforts qu'elle a
faits, en revient au Traité de paix qu'elle a enfraint peu de tems après

l'avoir

R E M A R Q U E S.

de la paix? N'y a-t-on pas au-contraire
dirigé tous les confeils pour pouffer les
chofes à l'extrémité, quand même toute
l'Allemagne, que ce démêlé ne touche
en foi-même aucunement, en devroit
perir.

(22.) On ne s'eft point piqué d'inonder le territoire d'Allemagne d'Armées
Françoifes l'une après l'autre ; mais
ces Troupes Auxiliaires ont été menées
tout droit en Bavière & dans les pays
compris dans la Prétenfion, à caufe de
l'endurciffement de la Cour de Vienne, &
parce qu'on n'y vouloit point entendre à
aucune voye d'accommodement, &
qu'ainfi il ne reftoit aucun autre parti à
prendre pour obtenir une jufte fatisfaction. Pas un feul Etat ne peut dire en
avoir reçu quelque dommage. Tout a été
exactement payé, jufqu'à la dernière
obole. Cela s'apelle cependant fe pi-
quer d'inonder l'Empire de Troupes étrangéres : pendant que dans les pays où l'on
n'avoit nulle Prétenfion, pays neutres,
& qui ne prenoient nulle part à ces affaires, on fait entrer de grandes Armées, compofées, pour la plus grande
partie, de peuples indifciplinez; pendant
qu'on y fait des Campemens de plufieurs
mois ; qu'on donne des ordres par écrit
aux Etats de l'Empire, comme fi c'é-
toient des fujets; qu'on leur démande des
livraifons très-onereufes; qu'on les menace d'Exécutions Militaires; qu'on ne
leur paye abfolument rien pour le bois
& la paille, ni pour le degât qu'on a fait,
foit en fourageant, foit en campant;

qu'on force à donner des voitures & des
chevaux fans argent; qu'outre cela on
fouffre que le Soldat commette toute forte de defordres, qu'on fait piller plufieurs villages & bourgs ; & que pour
comble de maux on veut engager & for-
cer l'Empire à commencer une guerre
générale à fon plus grand préjudice? Eft-
ce la France, ou l'Autriche qui a tenu
une conduite pareille? C'eft ce qu'il ne
faut pas demander; tout cela n'eft que
trop connu, & la Pofterité ne pourra
jamais affez s'étonner de la temerité qu'on
a euë d'écrire des chofes fi contraires à
la Verité, tant en cet endroit, qu'en beaucoup d'autres; pendant que toute la terre fait le contraire, & qu'il y a tant de
milliers de temoins, qui à caufe des dommages qu'ils en ont foufferts, font forcez
de depofer contre un tel Ecrit.

(23.) Il faudroit renoncer non-feulement à tout fentiment chrétien, mais encore à toutes les lumières de la raifon,
pour vouloir avec l'Auteur, juger de la
juftice d'une affaire par l'Evénement.
Ainfi donc, la dernière guerre contre les
Turcs, à laquelle l'auteur a eu tant de part,
doit être regardée, comme injufte du côté
des Autrichiens, & on doit dire qu'elle
avoit été entreprife contre la droiture & la
bonnefoi, puifqu'elle a été fi malheureufe.
Mais il n'y a pas jufqu'aux enfans qui ne
fachent que Dieu permet qu'il nous arrive
des chofes incompréhenfibles, fuivant les
vûes de fa Providence : Si cela n'étoit
point, il eft bien certain que l'Auteur ne
feroit pas arrivé fi haut par fes Confeils,

l'avoir conclu (24.); par ce que ſi cela lui réüſſiſſoit, cette Couronne en ſeroit beaucoup plus encouragée à former des entrepriſes de cette nature, qui pourroient réuſſir, non à ſon dommage, mais à celui d'autrui, pour l'entiére oppreſſion de la liberté générale, au lieu d'en être détournée. (25.) Cependant Sa Majeſté n'eſt point implacable, & en alléguant ce qui vient d'être dit ci-deſſus, l'intention n'eſt point d'aigrir les eſprits d'avantage, mais pour réléver comme il convient, ſon extréme modération & pour preuve entiére d'une neceſſité indiſpenſable, (26.) c'eſt que l'on ne peut donner les mains à une paix plâtrée, mais qu'il en faut une qui ſoit durable, d'autant plus qu'on ſeroit inexcuſable ſi on négligeoit l'occaſion préſente, de chercher l'unique & ſeul moyen qu'il y ait d'avancer cette reconciliation, après qu'on aura ſurement pourvu pour que ces dommages ne ſoient plus à craindre pour l'avenir, (27) comme ils l'ont été par le paſſé. Si jamais ce mot AUT NUNC, AUT NUNQUAM, *à préſent ou jamais*, a du avoir lieu, ce doit être en ce tems-ci. L'Expérience n'a

que

R E M A R Q U E S.

ſi pernicieux au pays, & qu'il n'auroit pu mettre ſi long-tems au jour ſes Libelles. Après-tout, l'affaire n'eſt point encore finie, & on dit ordinairement *in fine, videbitur cujus toni.*

(24.) La France n'a point enfreint la paix qu'elle a avec l'Empire: elle ne l'a point attaqué, elle n'en a point envahi le moindre terrain. Elle n'a commis aucune hoſtilité contre pas un des Etats neutres de l'Empire; Et l'Empire ſeroit bien à plaindre, s'il vouloit rompre la paix & riſquer une guerre, ſur la parole de cet Auteur. Mais ne doit on pas appeller une infraction de la paix, quand un Etat de l'Empire entreprend tout ce qui a été allegué dans la Note 22. & dont tout le monde eſt informé.

(25.) On laiſſe à la France à répondre ſur ce point; mais c'eſt une ancienne Politique de la Cour de Vienne qui a coûté à l'Empire bien du ſang, bien de l'argent & des Provinces, ſavoir, d'entraîner l'Empire dans ſes affaires particulières. Tantôt on répréſente les grandes & formidables forces de la France, comme ſi elle étoit à la veille de ſoumettre toute l'Europe; mais bientôt-après on répréſente cette même Couronne ſi foible & ſi méprifable, qu'il ſemble que pour la terraſſer entièrement, il n'y ait qu'à le vouloir. C'eſt ce qu'on veut faire à préſent, pour le plus grand desavantage de l'Allemagne; car qu'eſt-ce qu'on s'embaraſſe à Vienne, ni de l'Empire, ni des Etats qui le compoſent, pour-vû qu'on réuſſiſſe dans ſes vuës particulieres.

(26.) La Cour de Vienne ne veut point aigrir davantage les Eſprits, & voici les preuves qu'elle en donne: Elle ne veut reconnoître ni l'Empereur, ni l'Empire. Elle accuſe d'une indécente timidité les Puiſſances étrangères, & les principaux Etats de l'Empire. Elle rapelle avec les expreſſions les plus amères, une affaire qui s'eſt faite unanimement dans l'Empire & où l'on a mis pour l'avenir ſes droits en ſûreté, ſi véritablement elle en avoit; & elle prétend qu'on a violé tous les droits divins & ceux de la Nature & des Gens. Qui eſt-ce qui pourroit douter de ſa modération, puis qu'elle ne demande autre choſe, ſi-non que toute l'Europe s'engage dans une guerre générale de dix ans, ou peut-être de vingt, laquelle détruiſe tous les Traitez qui ont été conclus depuis la paix de Weſtphalie, & que pour ſa ſatisfaction particuliére, elle veut bien ſe contenter de l'Alſace, de la Lorraine, des trois Evêchez, de la Franche-Comté, avec à peu près deux autres Provinces de France?

(27) C'eſt le même langage que la Cour de Vienne tenoit aux conférences de Gertruydenberg. L'Allemagne l'a payé bien cher.

(28) *A en juger par l'expérience*, la Cour de Vienne a toujours parlé de même, quand, pour ſes intérets particuliers elle a entraîné l'Empire dans une guerre contre la France. Mais auſſi-tôt qu'elle eſt parvenue à ſon but, à-peine a-t'elle donné un homme de plus à l'Armée de l'Empire, qu'autant que ſon avantage particulier demandoit que l'on pouſſât la guerre vigoureuſement. L'Empire au-contraire étoit expoſé aux hoſtilitez, au pil-

lage,

que trop fait connoître que les traitez, les garanties, & les fermens n'ont guéres fervi à la fereniſſime Maiſon Archiducale, à l'Empire, & à la Chrétienté à moins qu'ils n'aïent été appuyés par quelque fureté réelle. (28) Sa Majeſté ne demande aujourd'hui dans l'état de proſperité où elle eſt, que ce qu'elle a demandé dans les plus dangereuſes circonſtances : (29) Pas plus que la Bulle d'or, la Paix Publique, & les principes inconteſtables du droit de la Nature & des Gens exigent (30) tout au moins; favoir, qu'elle ſoit indemniſée pour le paſſé, & qu'elle ait des furetez pour l'avenir; ce que perſonne à qui il fera reſté la moindre doſe de raiſon, ne regardera comme une envie demeſurée de s'aggrandir (31) contre la Conſtitution de l'Empire, contre la balance de l'Europe & contre l'équité.

Ce n'eſt point à quoi viſe Sa Majeſté la Reine, mais ſimplement à l'affermiſſement de ſon avantage & du bien public, au rétabliſſement des coutumes de l'Empire qui ſont ſi derangées, à la dignité de l'Empire, à la Liberté tant au dedans, qu'au dehors, à la fureté de tous les Etats ſans diſtinction de Religion & de Puiſſance, au bien de tou-

R E M A R Q U E s.

lage, & aux contributions. Et quand elle ne pouvoit plus ſe flatter qu'il ſoutînt plus long-tems un état ſi violent, elle l'a ſacrifié, & a fait au depends de l'Empire, une paix dont le préjudice tomboit ſur lui. L'Expérience ne l'a que trop fait voir juſqu'à préſent, & elle le confirmera de plus en plus, s'il arrive, ce qu'à Dieu ne plaiſe, que l'Empire ſe retrouve en de pareilles circonſtances.

(29) Ainſi il faut qu'à Vienne dans les plus dangereuſes circonſtances, on ait déjà ſouhaité d'enlever à la France l'Alſace, la Lorraine, & autres Provinces, d'annuler les traitez de Weſtphalie & les autres qui depuis ont été conclus avec cette Couronne, & d'expoſer l'Empire à la guerre la plus dangereuſe pour l'éxécution de ce chimérique projet.

(30) A ce compte, la Bulle d'or, la Paix Publique, les traités & les principes les plus inconteſtables du droit de la Nature & des Gens, doivent exiger auſſi, qu'un ſimple Co-Etat puiſſe ſans conſulter l'Empereur, ni l'Empire, diſpoſer des Fiefs Impériaux, en depouiller ceux qui les poſſedent, bien qu'ils les tiennent de l'Empereur, à un titre juſte & onereux; & qu'il lui ſoit libre d'en gratifier un autre, afin de s'exempter ſoi-même de donner une ſatisfaction particuliére, que l'on doit d'ailleurs; Ou-bien il faut que l'Ecrivain nous accorde, que tout ce qui a été entrepris dans le nouveau traité avec la Sardaigne, eſt contraire à tous ces droits. Après-tout, perſonne n'eſt plus accoutumé que la Cour de Vienne, à negocier contre les principes in-

conteſtables & fondamentaux du droit de la guerre & des gens.

(31) La Cour de Vienne ne veut donc conſentir à aucune paix, avant qu'on l'ait indemniſée des pertes paſſées & qu'elle n'ait des furetez pour l'avenir. Sous ce mot *indemniſée*, elle entend de tout ce qui s'eſt fait depuis la mort de Charles VI. & de tout ce que la guerre lui a couté. De là il s'enfuit, que l'Empire doit lui procurer cette indemniſation, ou même lui en être caution; à condition ſans doute, que ce traité l'obligera auſſi-peu que celui de Weſtphalie & la paix qui fut conclue enſuite, à la condition de ne pouvoir point recuperer les démembremens. L'Aſſurance pour l'avenir a pour but, d'écraſer la France, de la ravager & d'en arracher des Provinces. C'eſt ici que l'on voit l'extrême modération de la Cour de Vienne, & ce que doivent s'en promettre l'Empire, & les Puiſſances qui ont des Traitez avec elle & qui inſiſtent ſur une ſatisfaction pour ſes prétenſions, & par conſéquent toutes les Puiſſances de l'Europe. Certainement il faut, ſelon les expreſſions de l'Ecrivain, qu'*il ne reſte pas la moindre doſe de ſens commun*, ou n'avoir pas la moindre pénétration, pour ne pas reconnoître ici, une envie demeſurée de s'agrandir, contraire à la Conſtitution de l'Empire, oppoſée à l'équilibre de l'Europe, & incompatible avec l'équité; & en même-tems, un fatras d'idées toutes plus chimériques l'une que l'autre, & telles que pourroient être tout-au-plus les rêves d'un homme qui auroit la fievre chaude.

toute l'Europe, & au falut de toute la Chrétienté. (32) On a eu ces grands objets devant les yeux dans la Réfolution de l'Empire du 11. Janvier 1732. comme fon contenu le fait voir. Et ce qui eft arrivé depuis, établit la neceffité des foins qu'il faut prendre pour en affurer l'entiére exécution. Par là les Médiations (33) qu'il n'eft pas poffible d'accorder avec cette Réfolution, peuvent encore moins être agréées, par cette raifon. Comme les affaires de Sa Majefté la Reine font ainfi difpofées, que le but qu'elle s'eft propofé, eft fi falutaire & qu'on a devant les yeux l'obli-

R E M A R Q U E S.

(32) Que ces proteftations foient contraires à la Verité du fait, cela eft clair comme le jour. Si la fortune continuoit à favorifer encore quelque-tems la Cour de Vienne, on verroit bientôt remettre en pratique les principes par lefquels l'Autriche s'eft conduite du tems de Philippe II. & de Ferdinand II. pour troubler la patrie, opprimer la liberté de l'Empire, ruiner les Etats fans diftinction de Religion & de Puiffance, au grand dommage de toute l'Europe. On fe plaindroit alors, mais trop tard, de fon inflexibilité & de fon injuftice.

(33) Jamais l'Empire n'a été traité avec tant d'orgueil & de mépris, qu'en ce paffage. L'Empire a entrepris la médiation & a invité les Puiffances maritimes à y joindre la leur. Celles-ci, à l'inftance de l'Autriche, n'ont pas daigné donner de réponfe. L'Autriche au contraire, pour mieux marquer fon mépris, déclare en deux mots, qui même ne fe lâchent qu'en paffant, que cette Médiation ne s'accorde point avec les grandes vuës qu'elle a. Ainfi la Cour de Vienne ne veut, ni la paix, ni aucune négociation qui en approche; à moins qu'on ne lui aide, felon fes idées, à mettre la France hors d'état de rien faire à l'avenir, & jufqu'à ce qu'elle ait une entiére fatisfaction. Que la Réfolution de l'Empire du 11. Janvier 1732. doive être mife en Execution, felon l'intention particuliére de la Cour de Vienne, quoique mal fondée, à la bonne heure; Mais cette Réfolution n'eft fondée elle-même que fur le Decret de Commiffion Impériale, qui porte bien expreffément que, par cet Acte, on ne veut préjudicier à aucun tiers, dans les droits qu'il pourroit avoir. Or depuis ce tems-là les prétenfions de ce tiers font connues: Je n'éxamine pas ici, fi elles font fondées, ou non; il fuffit qu'effectivement il y en ait. Puis donc que le Decret de Commiffion d'alors, dit bien nettement qu'il ne fera point préjudicié au droit d'un tiers, & que la Réfolution de l'Em-

pire n'a été donnée qu'à cette condition, que l'Empereur lui-même y avoit mife; il n'y a donc rien de plus naturel, de plus conforme aux loix, ni de plus raifonnable que de concilier les raifons de part & d'autre & de chercher à trouver un moyen de terminer ces démêlez à des conditions équitables. Ici l'Ecrivain s'écrie, contre la Verité, qu'un pareil accommodement eft incompatible avec la Réfolution dont on vient de parler. Ne voit-on pas au contraire que c'en eft une fuite naturelle & néceffaire? Pour quoi cette répugnance de fa part? C'eft que la Cour de Vienne craint que fi on examine l'affaire fans partialité on ne decouvre que fes droits font mal-fondez. Et qui plus eft, c'eft qu'à Vienne on eft accoutumé depuis long-tems à ne prendre dans quelque affaire que ce foit, un temperamment raifonnable, mais à tout decider de vive force par les voyes de fait.

(34) Voilà donc la conclufion de cet Ecrit plein de hauteur mais denué de Verité; fans qu'on fache précifément ce que l'Auteur a voulu dire. Au commencement il avoit inferé la propofition de Mr. de la Nouë, mais il ne répond nulle part aux propofitions importantes qu'elle contient. Selon le propre extrait de l'Ecrivain, elles confiftent en ces points-ci. 1. Que la Mediation acceptée par l'Empire eft agréable à la France. 2. Deplus, qu'il y a entre Sa Majefté Impériale & la Cour de Vienne une négociation qui fait efperer qu'on parviendra à la paix. 3. Que comme les Troupes de France ne font entrées dans l'Empire qu'en qualité d'Auxiliaires, après y avoir été appellées, 4. Ainfi ces Troupes Auxiliaires n'étant plus néceffaires dans ces circonftances, elles ont eu ordre de rétourner aux Frontiéres de France. Par-là 5. cette Couronne a voulu montrer qu'elle ne vouloit point entrer en guerre avec l'Empire, mais au contraire conferver avec lui toute forte de bonne intelligence & de bon voifinage.

l'Au-

l'obligation qu'ont à sa magnanime fermeté l'Empire, & toutes les Puissances de l'Europe qui glorieusement s'interessent à la conservation de la liberté générale, Elle met principalement en Dieu sa confiance chrétienne & sans bornes, & s'assure que l'assistance de ses fidelles Alliez, & tous les secours possibles de tous les vrais Patriotes Allemands, ne lui manqueront point (34), & qu'à la fin ses ennemis mêmes reconnoîtront pleinement l'uniformité de ses sentimens. *Ratisbonne le 16. Août 1743.*

REMARQUES.

L'Auteur ne répond pas un mot à tout cela. Il ne parle de la Médiation de l'Empire qu'en passant & de la manière la plus méprisante; il la rejette avec dédain, sans en donner aucune raison. Qu'il y ait eu une négociation entre Sa Majesté Impériale & la Cour de Vienne, c'est ce qu'il ne nie, ni n'avoue: il n'ose pas le nier à cause de ce qui étoit sur le tapis par la Médiation de l'Angleterre; mais aussi il se garde bien de l'avouer, par ce que ce seroit faire connoître bien clairement qu'il tient absolument à la dureté & aux vastes vûës de la Cour de Vienne, qu'on ne puisse parvenir à un ajustement amiable. Que les Troupes Françoises ne soient entrées qu'en qualité d'Auxiliaires, après avoir été appellées; qu'elles soient allées dans la Bavière & dans les pays qui étoient contestez, sans être à charge à personne dans l'Empire, encore moins y commettre des hostilitez: ce sont des choses si notoires qu'il n'étoit pas possible de les nier; mais la moderation de la Couronne de France, qui a rappellé ses Troupes, dès qu'elle a cru que ce secours n'étoit plus nécessaire, n'a point fait plaisir à la Cour de Vienne; qui auroit été charmée d'avoir occasion de satisfaire son ambitieux ressentiment, & d'entraîner l'Empire dans une guerre générale.

Ainsi on n'a pas répondu le moins du monde à ce que Mr. de la Noüé a déclaré au nom de la Couronne de France. Au-contraire on a cru avoir trouvé une occasion commode, de faire porter imperceptiblement à la Dictature ces prétendues protestations & déclarations de nullité (Actes nuls par eux-mêmes, & qui ne font en effet que des libelles diffamatoires contre Sa Majesté Impériale, le Collège Electoral & tout l'Empire), afin de faire accroire à ceux qui ne sont point au fait des affaires, qu'à Vienne on a des sentimens pacifiques, & qu'on y reconnoît tacitement Sa Majesté Impériale. D'un autre côté on a cru se frayer un chemin, pour envoyer des Ministres à la Diète sans reconnoître ni l'Empereur, ni la Diéte de l'Empire: afin de persuader cependant à l'Empire que la France a effectivement songé à faire la guerre à l'Empire & qu'elle a déclaré nul & non valable le Traité de paix. On a esperé d'engager par-là les affaires en une nouvelle guerre de l'Empire, & de façon, qu'enfin l'Europe entière seroit bientôt en combustion; & cela, dans l'espérance de chercher son interêt particulier par une guerre générale, & par le ravage de tous les pays, & d'exécuter les vastes projets de grandeur & de puissance, qui sont si enracinez dans la Maison d'Autriche.

Là-dessus l'Ecrivain en question, se cachant sous les noms des Barons de Plettenberg & de Palm, a voulu de nouveau essayer ce style orgueilleux & confus qui lui plaît tant, & qui se trouve néanmoins avoir fait beaucoup de tort à sa Cour en tant d'occasions. Il a évaporé sa bile, en flétrissant des têtes Couronnées, & en entassant toutes sortes de Calomnies. Il s'est flaté de faire illusion à ceux qui n'ont point de connoissance des affaires & de détourner les vrais Patriotes de tous les sentimens qui pourroient tendre à une véritable pacification de l'Allemagne & à une paix durable.

Or de savoir, si une pareille entreprise peut passer sans qu'on en marque du ressentiment? Si Sa Majesté & l'Empire peuvent garder le silence en voyant une entreprise si hardie & si contraire aux loix de l'Empire? Si Elle peut se contenter d'en marquer un généreux mépris? Si on peut justifier la démarche d'avoir accordé en secret, & sans participation préalable, & le consentement de personne, la Dictature d'un Ecrit qui non-seulement établit à la face de tout l'Empire, que la France n'est aucunement en paix avec lui; mais qui encore contient d'autres points qui pourroient entraîner les suites les plus fâcheuses? Ou, s'il ne faut pas casser sans détour la Dictature qui s'en est faite, & retirer cet informe Ecrit d'entre les Actes? C'est ce dont on laisse le jugement à tout patriote Allemand impartial.

D 2   PRE-

PREMIER PRETENDU
ACTE DE PROTESTATION.

A Majefté la Reine de Hongrie & de Bohème, Archiduchef-fe d'Autriche, ma très-gracieufe Dame, a fait connoître, d'une manière convaincante (35), par quantité d'écrits, de Remontrances imprimées & de Proteftations, à tout l'Empire, de même qu'à la plûpart des Puiffances de l'Europe, la nullité de toutes & chacune des prétenfions que l'on forme fur fa Succeffion paternelle qui lui a été garantie (36) de la manière la plus folemnelle & la plus obligatoire. Elle a fait voir

(35) Comme la Cour de Vienne eft accoutumée à farder fes frivoles prétenfions par de grands mots, ce n'eft pas feulement dans ce début, c'eft d'un bout à l'autre que cette Proteftation eft de ce ftyle enflé qui ne dit rien dans le fonds. Qu'elle ait voulu par cette quantité d'Ecrits, de Remontrances & de Proteftations imprimées, jetter de la poudre aux yeux à un chacun, & qu'elle s'en foit flatée; c'eft ce dont perfonne ne doute. Mais qu'elle ait fait connoître d'une manière convaincante la nullité des juftes prétenfions qui ont été formées; c'eft ceque qui que ce foit n'aura la complaifance de croire, pour peu qu'il éxamine l'affaire fans partialité, & que d'un autre côté il faffe attention aux droits inconteftables de la Maifon Electorale de Bavière.

(36) L'Auteur a la prudence de ne pas dire que ces Garanties (qui font, felon lui folemnelles & fi juftes) n'ont été demandées par le feu Empereur de très-glorieufe Mémoire, qu'à cette condition bien expreffe, favoir, En tant qu'il n'étoit point préjudicié au droit d'un tiers; d'où il s'enfuit néceffairement que fi un tiers fe plaint d'un préjudice fait à fes droits, l'effet des garanties eft fufpendu, jufqu'à ce qu'on ait éxaminé d'une manière juridique fi fa prétenfion eft fondée où fi elle ne l'eft pas : & c'eft une queftion fur laquelle il n'appartient pas à la Cour de Vienne de décider.

(37) Ce ne font-là que des pétitions de principes, qui tombent d'elles-mêmes; & on peut dire a plus jufte titre de la fameufe Pragmatique Sanction, que c'eft un Acte contraire à quantité de traitez, à des conventions de famille, à des inveftitures Impériales, & à des fermens, & qui préjudicie aux droits les mieux fondez de plufieurs Tiers.

(38) Lorfque cet Ecrit a été dreffé, on ne pouvoit en aucune manière tirer le moindre avantage de l'Illufion du danger des Troupes Auxiliaires. Mais dans le tems qu'on a cherché à le fourrer entre les Actes de l'Empire au mépris des loix, elle n'a pu éblouir qui que ce foit, puifqu'il eft de notoriété publique que ces Troupes Auxiliaires qu'on depeint fi formidables, font forties du territoire de l'Empire; & que durant tout le tems qu'elles y ont vécu, elles ont obfervé la plus exacte difcipline inconnue aux Troupes Autrichiennes : elles n'ont été à charge à perfonne, & ont payé entièrement tout ce qu'elles ont reçu. Au contraire les Autrichiens & leurs Troupes Auxiliaires ont traité les Etats de l'Empire qui n'avoient aucune part à la querelle, & leurs fujets, en veritables ennemis. Ils les ont forcés à leur fournir du bois, de la paille & autres chofes, fans en rien payer, ils ont pillé bien des villages, ont fait des fejours de plufieurs mois, dans l'inaction, à la ruine du pays, & ont été extrémement à charge à l'Empire.

(39) Voila donc encore la peur des Turcs remife en ufage, ce phantome au moyen du quel l'Allemagne a été dans tous les autres tems épuifée pour les interéts particuliers de l'Empire; mais, a préfent cette Politique eft connue

voir que par ces prétenfions on a violé (37) quantité de traitez, de garanties & de fermens ; comment par l'impétueufe irruption dans fes pays fituez dans l'Empire, tous les ftatuts de l'Empire, la Bulle d'or, le précieux traité de la Paix Publique, & les traitez de Weftphalie font manifeftement enfreints ; & dans quel grand danger l'entrée des Troupes étrangéres apellées fous le fpecieux nom d'Auxiliaires (38) pour appuyer un fi injufte deffein, met toute la Conftitution de l'Empire, la fureté & la liberté de chacun, & même toute la Chrétienté (39); combien peu de raport il y a entre l'irruption (40) faite immediatement après dans fes Etats par une infraction de la paix, & l'Election, *que Sa Majefté ne peut tenir pour bonne & valable* (41); comme il ne s'agit point ici du réfultat de l'Election (42) mais uniquement du maintien de fes droits & de ceux du Royaume de Bohème (43), droits particuliers & ineftimables fi clairement marquez dans la Bulle d'or; comment fans bleffer les réglemens de l'Empire, & même tous les droits divins & humains, elle ne peut abfolument re-

nue & on en eft revenu. C'eft ainfi que la Cour d'Angleterre s'eft fervie de la crainte qu'on y avoit du Prétendant, quand elle croyoit avoir befoin de cette peur pour mettre la Nation en mouvement.

(40) Si la prétendue invafion, que ce déclamateur appelle une infraction de la paix publique, ou plûtôt cette guerre à laquelle on a été forcé d'en venir, n'a rien de commun avec la guerre qui a fuivi de près l'Election Impériale. Pourquoi donc faire ici une mention inutile de chofes qui n'y ont aucun raport? Ne voit-on pas bien clairement que tout cela n'eft allegué que pour aigrir les Efprits?

(41) Ici l'Auteur a la temerité; de déclarer qu'une Election faite par l'unanimité des fuffrages, ne peut être tenue pour legitime; & en même-tems, d'attaquer le Collége Electoral qui l'a entreprife tout d'une voix, tout l'Empire qui a tenu cette Election pour reguliére, & toutes les Puiffances étrangères qui ont reconnu l'Empereur comme légitimement élu. De là il s'enfuit qu'un écrit fi outrageant merite qu'on en ait le reffentiment convenable.

(42) Comment fe peut-il que l'Auteur ne rougiffe point d'écrire que la Grande Ducheffe n'a point d'opofition à faire au fuccès de l'Election, lui qui vient de dire une ligne au-deffus, qu'elle ne peut tenir pour bonne & valable l'Election, & par conféquent ce qui en a refulté? Comment accorder ces deux chofes enfemble, de ne point combattre le fuccès de l'Election, & de déclarer néanmoins l'Election même com-

me non valable. Les perfonnes impartiales ne donneront pas beaucoup de créance au prétexte imaginé, comme fi on n'avoit en vue que le droit de fuffrage attaché au Royaume de Bohème, & la prétendue violation des droits & Priviléges des Etats, qu'on auroit enfraints en fe paffant de ce fuffrage. Car d'un côté les Droits communs des Etats n'y font nullement intereffez, comme on l'a fait voir. De l'autre côté perfonne ne fonge à priver le Royaume de Bohème de fon droit de fuffrage. Et au-contraire, la Cour de Vienne dans fa prétendue proteftation attaque directement l'Election, & par conféquent le refultat de l'Election.

(43) Les droits particuliers du Royaume de Bohème & fes Privileges n'ont point été violez par l'Election. Sa Majefté Impériale convient avec chacun que le droit d'Election appartient à ce Royaume, de même qu'aux autres Electorats, en vertu de la Bulle d'or, comme un droit adhérent au terrain même, ce que les Auteurs du droit public apellent *jus terræ & glebæ adfcriptum*, & dont on ne peut depouiller *per majora Electoralia*. Mais ce n'eft pas de quoi il eft ici queftion. Cette affaire n'a rien de commun avec les prétenfions de la Maifon Electorale de Bavière dont on a parlé; car, lorsqu'auffi-tôt après la mort de l'Empereur Charles VI. le demélé commença, qui eft-ce qui étoit le legitime heritier de la Bohème? & à qui appartenoit le fuffrage Electoral attaché à ce pays-là? .... Il n'y avoit donc d'autre parti à prendre que de laif-

reconnoître ſes Ennemis déclarez (44), pour juges ſur de pareils droits

R E M A R Q U E S.

laiſſer répoſer ce ſuffrage, vû que les droits du Royaume de Bohème lui furent reſervez par le Collège Electoral ; & au-contraire il ne ſe trouvoit aucune loi de l'Empire qui décidât la queſtion, ſavoir, ſi une femme eſt Electeur ; & ſi elle peut faire éxercer la fonction Electorale en ſon nom, ou ſi elle eſt tenue de laiſſer faire l'exercice de cette fonction à l'heritier mâle le plus proche de l'Electorat ? Ces cas n'étoient jamais arrivez ; Ainſi on ne pouvoit ſe regler ſur des Exemples des tems paſſez : ni la Bulle d'or, ni les autres loix de l'Empire, n'avoient point prevû un pareil cas ; & par conſéquent, elles n'y avoient point pourvû. Il n'étoit pas poſſible tant que duroit l'interregne, de former une nouvelle loi ou une interpretation des précédentes ; & la Cour de Vienne n'auroit pas voulu ſans doute abandonner à une déciſion de l'Empire le droit très ſingulier, *jus ſingulariſſimum* qu'elle prétend avoir, & elle ne l'auroit pas voulu reconnoître pour juge de ce differend entre elle & la ſereniſſime Maiſon de Bavière, ni ſur la Succeſſion de Bohème. Or ſans la diſcuſſion, & la déciſion de cette queſtion, l'activité du ſuffrage de Bohème dans le Collège, qui procédoit à l'Election, étoit une choſe naturellement impoſſible. L'Empire d'Allemagne ne pouvoit pas demeurer ſans Chef. Quel moyen reſtoit-il donc pour remplir legitimement le Trône ? N'étoit ce pas uniquement, de procéder par l'unanimité (*Salvo jure* & ſans préjudice des droits de la Bohème) de la même manière qu'on en uſa dans l'Election de Ferdinand III, où l'Electeur de Treves ne put aſſiſter. Mais ſuppoſons que la Cour de Vienne n'eût pu ſe repoſer entiérement là-deſſus, & qu'elle vouloit ſe reſerver ſes prétendus droits ; il eſt très clair qu'elle ne les pouvoit mieux aſſurer qu'ils ne le ſont, en ce que cette *quieſcence* du ſuffrage de Boheme, jugée néceſſaire par le Collège Electoral, ne pourra nullement tirer à conſéquence en d'autres occaſions. Mais c'eſt une entrepriſe contraire à toutes les loix de l'Empire, que de vouloir déclarer nulle & non valable cette Election, puiſque la Bulle d'or porte bien expreſſément que quand il n'y auroit qu'une ſeule voix de plus que la moitié, l'Election ſeroit legitime. Or l'Election

dont il s'agit s'eſt faite unanimement.

(44) Ici l'Auteur déclare tout le Collège Electoral, ſans exception, ennemi de la grande Ducheſſe ; car c'eſt tout le Collège entier qui a jugé néceſſaire de laiſſer répoſer la voix de Bohème pour cette fois. Peut-on imaginer un plus grand excès de préſomption ?

(45) Il eſt très naturel de demander ici, qui donc, pour ce qui concerne la Quieſcence de ce ſuffrage conteſté dans l'Acte même de l'Election d'alors, doit être juge en cette affaire, ſi ce ne ſont pas tous les Electeurs enſemble ? C'étoit à eux de pourvoir l'Empire du Chef le plus digne. La diſpute ſur la queſtion ſi une femme peut être Electeur ? étoit ſur le tapis : on a deja rémarqué qu'il n'étoit pas poſſible de parvenir à une déciſion ni pour ni contre. Quel autre moyen reſtoit-il donc que celui-ci ; De ne point s'ériger en juge d'un pareil droit, & d'aller ſon chemin pour cette Election unanime, *ſans préjudice de ces mêmes droits.* Suppoſé donc qu'il eût fallu décider cette queſtion & qu'elle eût du être jugée par tout l'Empire ; ſuppoſons auſſi, que dans cette déciſion un de ces droits particuliers que les Juriſconſultes apellent *Jus ſingulorum* qui ne ſe doivent point décider à la pluralité des voix, ſe fût trouvé dans de telles circonſtances, qu'il eût été violenté, non-ſeulement de la part de la Cour de Vienne, mais encore du côté de la partie adverſe : or, on n'a point entrepris cette déciſion, on l'a laiſſée à l'écart. On ne peut pas dire non-plus qu'on ait expliqué la Bulle d'or au préjudice des Etats, ni prétendre qu'un droit particulier, *Jus ſingulorum* ait été decidé à la pluralité des voix dans le Collège Electoral : ainſi, par-là le prétendu grief commun tombe de lui-même. Dans la quieſcence de la voix de Bohème il y a cette circonſtance à rémarquer ; c'eſt que ſi elle fut arrivée, afin de diminuer le nombre des voix, ce ſeroit au moins une alteration de la Bulle d'or : mais elle n'eſt provenue que de ce que l'avantage du bien Public, qui eſt la Loi ſuprême, demandoit que l'on procédât ſans délai à l'Election d'un Empereur ; & qu'on ne le pouvoit que par l'un de ces deux moyens : Ou de terminer auparavant les Différends ſurvenus ſur la voix de Bohème, ce qui au-

droits (45). Comment de cette manière le lien de la société humaine

auroit entraîné une longue perte de tems, au grand préjudice de la Patrie, & prolongé par-là l'interrégne, de manière qu'on en auroit à peine vu la fin ; Ou, de laisser répofer cette voix durant l'Election qu'il s'agissoit de faire. Il ne peut donc y avoir eu, ni alteration de la Bulle d'or, ni grief commun, encor moins aucune léfion du droit de chacun en particulier. Ce n'est pas feulement à l'Election de Ferdinand III. qu'on fut obligé d'employer ce même moyen, parceque l'Electeur de Treves n'y pouvoit pas affifter ; c'eft même une régle dans l'Empire, que ce qui est permis & legitimé dans un Collège de l'Empire, l'est auffi dans un autre. Dans le Collège des Princes, il y a divers exemples que quand entre plufieurs Intereffez, il furvient un litige fur le droit de donner la voix, & que cet incident pourroit retarder les déliberations du Collège, on prend la Réfolution de la laiffer répofer jufqu'à la décifion du litige ; fans que perfonne ait fait en cela un changement, ou une tranfgreffion de la loi. On en voit entre autres un exemple tout femblable dans la fucceffion du Palatin de Veldens. Chacun des Concurrens prétendoit à en donner le fuffrage dans le Collège des Princes. Pour prévenir le defordre, que cette double prétenfion eut caufé, on trouva bon par une Réfolution du Collège, de régler, que ni l'une ni l'autre ne donneroit ce fuffrage & qu'on le laifferoit à l'écart, jufqu'à ce que l'affaire fût décidée. Ainfi ce fuffrage demeura en effet fufpendu environ quarante ans jufqu'à l'année 1737. Ni le Collège Electoral, ni celui des Villes ne s'oppoférent à cette conclufion des Princes, mais ils laifferent au Collège des Princes, la liberté de terminer feul l'affaire de cette manière. Pourquoi le Collège Electoral n'auroit-il pas le même droit ? Pourquoi (afin d'éviter un plus grand mal, foit dans cette occafion foit dans une autre) ne pourroit-il pas refoudre, auffi-bien que le Collège des Princes, qu'une voix fe répofera pour un certain tems, ou durant une certaine affaire qui ne fouffre point de délai ? Sur tout, dès qu'une pareille quiefcence ne peut être regardée comme une fufpenfion de fuffrage qui emporteroit avec foi un changement de la Bulle d'or, ou

dont il refulteroit un grief commun pour les autres Etats ; ou qui annuleroit l'Election. Prétendre encore ce dernier, après que tous les Etats de l'Empire ont reconnu Sa Majefté Impériale pour leur fupréme & très digne Chef & fe font foumis à Elle, c'eft une infulte qui attaque tout l'Empire. Il y a bien de la difference entre une quiefcence telle que celle dont on vient de parler, & la fufpenfion effective d'un fuffrage ; & quand de la part de la Cour de Vienne on confond deux chofes fi différentes l'une de l'autre, ce ne peut être que pour faire illufion. La quiefcence d'une voix ne regarde qu'une certaine affaire qui eft fpecifiée ; & on ne trouvera dans aucune loi de l'Empire qu'il faille pour cela un confentement unanime de tous les Etats de l'Empire ; mais l'expérience démontre & les ufages les plus conformes aux loix en fourniffent divers exemples, que dans chaque Collège, on s'eft conduit en pareil cas fuivant l'exigence des conjonctures. Une fufpenfion au-contraire, s'étend fur tous les actes. La quiefcence peut avoir lieu, quand même il n'y a nulle conteftation ni fur le fuffrage, ni fur celui qui en doit difpofer ; comme par exemple, s'il arrive un cas, qui regarde un Etat en particulier, & au jugement du quel il ne peut intervenir. Mais au-contraire la fufpenfion de fuffrage déclare toujours d'avance, foit par rapport à la voix, ou à fon activité, fi elle doit être comptée, ou non, parmi les fuffrages. C'eft une queftion de favoir, fi un empêchement de cette nature eft un obftacle qui ne permette pas à celui qui difpofe d'un fuffrage d'ufer de fon droit ; comme par exemple quand il ne fe conduit pas de la manière qui convient à quiconque veut exercer le droit de féance & de fuffrage, ou qu'il eft tombé lui & fon Païs fous la puiffance de l'Ennemi. Dans ce dernier cas ou demande, fi une voix doit être encore comptée ou non parmi celles qui ont leur effet ? De même il s'agit de favoir, fi quand il n'y a nulle oppofition fur la voix, ni obftacle de la part de celui qui en jouït, cette voix peut, pour un motif ou pour un autre, être quelque tems exclufe des déliberations de l'Empire & mife hors d'activité ? &, ce qui revient au même, fi ce font-là les cas dont

par-

ne eſt briſé & le droit de la force introduit de nouveau en Allemagne (46), & tout ce qui y a été juſqu'à préſent tenu pour ſaint &
ſacré a été entiérement ſoumis à l'inſtigation & à la Puiſſance étrangére (47), & comment enfin non-obſtant cette procedure inouie Sa
Majeſté perſiſte dans ſes diſpoſitions pacifiques (48) auſſi-tôt que, de
la part de ſes ennemis, on voudra y donner lieu, en faiſant ce que
demandent inconteſtablement la Conſtitution de l'Empire, ſon honneur,
& ſa dignité, & les Alliances les plus étroites, les traitez, les garanties, les ſermens, la liberté commune, l'Equilibre de l'Europe, la ſureté & le Bonheur de la Chrétienté (49). Ni des répréſentations ſi
fondées, ni les aſſurances les plus préciſes, données au nom de Sa
Ma-

R E M A R Q U E S.

parlent les loix de l'Empire & les Capi-
tulations, & ceux dont elles ſtatuent
qu'ils ne peuvent avoir lieu que du conſentement de tout l'Empire; & non pas
quand tel ou tel Collège ſe trouve obligé
de laiſſer repoſer une voix ſur l'affaire
préſente, dans un cas qui ne ſouffre point
de délai, & où il s'agit d'une déliberation indiſpenſablement néceſſaire, & dont
le réſultat intéreſſe le bonheur de la patrie ?

(46) On voit bien que l'auteur ra-
maſſe ici tout ce qui vient au bout de ſa
plume, que ce ſoit à propos, ou non. Qui
eſt l'homme raiſonnable qui croira ſur la
parole de cet homme que, parcequ'on
ne pouvoit parvenir à la déciſion de cette conteſtation, & qu'il falloit néanmoins,
ſans bleſſer les droits de la Bohème, procéder à une Election unanime, on a briſé par-là le lien de la ſocieté humaine &
introduit en Allemagne le droit du plus
fort? On peut dire, avec bien plus de
fondement, que le lien de la ſocieté humaine eſt rompu & le droit du plus fort
introduit, quand un ſeul Etat ôſe ſans
autre raiſon que ſa convenance particulière, & par ce que tel eſt ſon plaiſir, re-
fuſer toute obéïſſance à ſon Chef légitimement élu, & décrier, ſans aucune pu-
deur, une Election faite unanimement, en
déclarant qu'elle ne peut être tenue pour
valable.

(47) Tout le Collège Electoral eſt ici
taxé de nouveau d'avoir entiérement ſoumis à l'inſtigation étrangère & à la force,
tout ce qui juſqu'à préſent à été tenu
pour Saint & Sacré. Peut-on imaginer une
accuſation plus dure, plus préſomptueu-
ſe, & en même tems plus mal-fondée?
On peut voir d'avance ſi l'auteur veut
parler, ſeulement de la quieſcence de la
voix de Bohème, ou de l'Election mê-

me ? On ne peut donc croire autre choſe, ſi non que les Electeurs ne ſauroient
laiſſer paſſer ſans reſſentiment cette accuſation indécente, & une entrepriſe ſi
inouïe.

(48) L'auteur met ici au jour les meil-
leures preuves de la diſpoſition pacifique
de la Cour de Vienne, ſavoir, qu'elle ne
veut reconnoître, ni l'Empereur, ni la
Diéte; qu'elle fait inſinuer à l'Aſſembléę
de l'Empire une proteſtation de nullité;
qu'elle veut engager l'Empire en une
Guerre contre la France pour ſon intérêt particulier; qu'elle diſpoſe des droits
de l'Empire, ſur tout en Italie, comme ſi
c'étoit ſon propre bien; qu'elle rejette
avec hauteur les propoſitions les plus é-
quitables qu'on lui fait pour parvenir à
un accommodement amiable ſur les
droits de la Maiſon Electorale de Bavière; qu'elle ne veut point entendre parler
de Médiation & veut mettre toute l'Allemagne en combuſtion! Voilà les ad-
mirables preuves des diſpoſitions pacifiques de la Cour de Vienne. Ces preuves
parlent d'elles-mêmes.

(49) Tout cela a ſon équité dans la
theſe; mais ce n'eſt pas à la Cour de
Vienne d'être juge en ſa propre cauſe,
ni de preſcrire d'un ton de dictateur &
ſeulement pour ſon intérêt particulier ce
que demandent les loix fondamentales,
l'honneur, & la dignité de l'Empire, les
alliances les plus étroites, les traitez, les
garanties, les ſermens, la liberté publique,
l'équilibre de l'Europe, la ſûreté & le bonheur de la chrétienté. Car il ne ſeroit pas
difficile de faire voir par les faits, que ſelon le
langage & la conduite de la Cour de
Vienne, tous ces grands mots ne ſigni-
fient chez elle autre choſe, que ſon intérêt propre, ſon inſatiable ambition, & ſa
propre Convenance.

(50)

Majefté la Reine de Hongrie & de Bohème n'ont pu porter à des fentimens plus équitables les Ennemis qui ont confpiré la ruine de fa Maifon Archiducale, ni les empêcher de pouffer plus loin leurs injufti-
ces (50). Pour detruire la liberté tant Allemande que générale, felon
les vûës des François, par le fecours des Cours d'Allemagne aveu-
glées ou gagnées (& pour entiérement affoiblir l'Empire par les propres membres, & affûrer à cette Couronne étrangere pour toujours (51), une dictature qu'elle s'arroge fur les affaires de l'Empire)
on doit établir à Francfort une *prétendue Affemblée de l'Empire*, d'une
manière jufqu'à préfent inouïe (52), à l'exclufion de Sa Majefté la Reine,
auffi-bien en qualité de Reine de Bohème, qu'en qualité d'Archiducheffe

R E M A R Q U E S.

(50) On laiffe à chacun la liberté de
juger fi en ces Ecrits, & particulièrement en ce paffage, on a gardé la moderation que des Puiffances engagées dans
une Guerre actuelle, doivent obferver felon tous les Droits des Gens envers les Têtes Couronnées & même envers leurs
Ennemis. Mais il y a quelque chofe de
plus: c'eft qu'on y parle en général d'ennemis qui ont confpiré la ruine de la
Maifon Archiducale immédiatement après
que tout le Collège Electoral a été pré-
fomptueufement traité d'Ennemi déclaré
de la Reine fans exception d'un feul: ce
qu'il donnera encore à entendre ci-après.
Mais la décadence, ou l'extinction de la
Maifon d'Autriche, ne peut être attribuée
à aucuns Ennemis, ce n'eft qu'à la feule
volonté de Dieu: faire revivre par une
métamorphofe une Maifon déjà éteinte,
c'eft un miracle qui n'eft pas au pouvoir
des hommes, & c'eft ce que Dieu même ne fera qu'au jour du Jugement.

(51) Quand on accufe ici des Cours
d'Allemagne de s'être laiffé 1. aveugler,
2. & gagner, pour 3. felon les vûës de la
France, 4. détruire la liberté Allemande
& la générale, & pour entiérement affoiblir l'Empire par fes propres membres
5, & affûrer à la France pour toujours,
6. une dictature qu'elle s'arroge fur les
affaires de l'Empire; il n'eft pas poffible
d'imaginer une plainte plus dure & plus
contraire au dévoir d'un Etat de l'Empire envers un autre. Quand des accufations de cette nature ne font pas prou-
vées, elles retombent felon le droit fur
celui qui les a faites. Mais dans le cas préfent elles fe trouvent inferées dans un Ecrit
qu'on veut mettre parmi les actes de l'Empire. Encore fi on nommoit les Cours,
qu'on charge d'avoir commis des préva-
rications fi contraires aux obligations des
Etats de l'Empire bien intentionnez pour

la Patrie, Elles pourroient du moins fe
juftifier à la face de tout l'Empire, ou
demander qu'on en vînt aux preuves de
ces calomnies. Mais on fe garde bien
de les défigner, & ainfi, cette plainte tombe fur toutes les Cours d'Allemagne fans
exception; par-conféquent il n'y en a aucune, ni petite, ni grande, qui n'ait un intérêt
commun à preffer pour que ces accufations
inouies, faites au nom d'un Co-Etat,
foient vérifiées, ou que ceux qui ont
l'audace de les avancer, & de les repandre dans l'Empire & même dans toute
l'Europe, reçoivent le châtiment qu'ils
meritent. Car peut-on fe figurer un plus
grand crime de Leze-Majefté que quand
un Etat feconde une Couronne étrangere
dans les vûës qu'elle eft accufée d'a-
voir de dépouiller l'Empire de fa liberté
& d'affurer à cette Couronne pour toujours
une Dictature dans les affaires de l'Empire? C'eft pourtant d'un fi grand crime de Leze-Majefté que les Barons de
Plettenberg & de Palm, au nom de Madame la Grande Ducheffe, qui veut être
un Etat de l'Empire, accufent d'autres
Cours d'Allemagne; & ils cherchent à
mettre cet Ecrit entre les Actes de l'Empire. Eft il donc bien poffible qu'une Cour
d'Allemagne puiffe penfer qu'on laiffera
faire à la Nation Allemande une fi odieufe flétriffure, & qu'une pareille accufation
qui, comme on l'a fait voir ci-deffus, attaque
au moins indirectement toutes les Cours
d'Allemagne, reftera parmi les Actes de
l'Empire? Ne croira-t-on pas bien plûtôt
qu'il n'y a point d'Allemand raifonnable,
ni d'Etat bien-intentionné pour la Patrie;
que fon honneur, fa dignité, fa confcien-
ce ne porte à fouhaiter, ou qu'on vérifie
ce crime de Leze-Majefté, ou que l'on
faffe un châtiment convenable d'une telle
fauffe accufation?

(52) C'eft quelque chofe qu'on peut
F   véri-

cheffe d’Autriche , & de Ducheffe de Bourgogne (53) , felon le bon plaifir de fes Ennemis déclarez (54): & fuivant la direction de cette Couronne étrangere (55) fouvent mentionnée. Et là par une pluralité gagnée dans le Collége Electoral , on a forcé le refte des Etats à prendre

R E M A R Q U E S.

véritablement appeller inoui, qu’un Co-Etat de l’Empire ôfe traiter de *prétendue* affemblée de l’Empire , une Affemblée convoquée par l’Empereur Leopold, il y a quatre-vingts ans , remife en activité par les Empereurs Jofeph, Charles VI. & Charles VII, reconnue de tout l’Empire , & qui fubfifte legitimement depuis fi long-tems. Peut-on demander à l’Empire qu’en confervant parmi les Actes de pareils écrits où la Diéte de l’Empire eft déclarée une prétendue Diéte, il les autorife tacitement?

(53) Cette accufation eft fi dépourvuë de fondement & de vérité ; favoir, que Madame de la Grande Ducheffe ait été exclufe de la Diéte de Francfort, par Sa Majefté Impériale en tant qu’Empereur ; que dans la fuite on eft forcée d’avouer le contraire. Mais on comprendra toujours bien foi-même, que fans parler des droits de la Maifon Électorale de Bavière , Madame la Grande Ducheffe s’en exclut de fa propre volonté , auffi long-tems qu’elle ne reconnoît, ni Empereur, ni Diéte. L’Hiftoire de l’Empire d’Allemagne fournit plus d’un exemple que quand aprés que l’Election s’eft faite legitimement & que l’Empereur eft couronné, un Etat ou l’autre refufe au nouvel Empereur les devoirs auxquels il eft obligé & ne le veut pas reconnoître, on convoque contre lui une Diéte & on l’y cite, non comme membre, mais comme accufé , fans que fon confentement y foit requis. La Cour de Vienne fe met de gayeté de cœur en ce cas-là & elle s’oppofe à une Election qui a été agréée avec joye par tout l’Empire. Seroit-ce donc quelque chofe de bien étrange & de bien injufte, fi , la regardant comme defobéïffante , non-feulement on ne lui donnoit aucune communication de la Diéte, & qu’encore on la fommât d’y comparoître, pour y rendre compte de fon injufte defobéïffance ? Avant que la Cour de Vienne puiffe fe plaindre qu’elle a été injuftement exclufe de la préfente Diéte, elle doit nous fournir au-moins un feul exemple, qui faffe voir qu’un Etat de l’Empire, qui ne veut point reconnoître l’Empereur, doit néanmoins être appellé, & admis à la Diéte, avec pouvoir d’y dé-

libérer. D’ailleurs elle a encore moins lieu de fe plaindre, puifque Sa Majefté Impériale a pouffé fa longanimité, jufqu’à la traiter de niveau avec les autres Etats , qui lui rendent leurs devoirs ; car en cela il ne s’agit que du réel, favoir, de lui avoir donné connoiffance de la Tranflation de l’Affemblée de l’Empire , & en lui accordant le plein-pouvoir d’y paroître par fes Envoyez ; & non pas de lui donner les titres qu’elle prétend. Mais fuppofé que Sa Majefté Impériale eût exclus Madame la Grande Ducheffe. Suppofons auffi que c’eût été injuftement & que les droits & les priviléges de la Cour de Vienne euffent été violez, ce qui n’eft pas ; & que de-là il eût refulté un grief commun du droit particulier de chaque Etat : Que pourroit-il s’en enfuivre ? Nulle autre chofe, finon qu’il fe feroit fait une répréfentation à Sa Majefté pour demander le redreffement de ce prétendu grief. Mais faut-il pour cela que toute l’Affemblée de l’Empire devienne une *prétendue Affemblée de l’Empire* , nulle & invalide? Qui eft l’homme raifonnable qui jugera de la forte ? Il eft bien vrai qu’à l’occafion de l’affaire de moderation des fraix, qu’il y eut en 1735. au fujet des Villes Impériales, Rottenbourg, Windheim & Dortmond , l’Autriche protefta contre tout ce qui étoit arrivé en fon abfence ; & prétendit qu’on ne s’y étoit pas conduit à la manière accoutumée de traiter , ni felon le ftyle de la Diéte ; mais auffi on n’ignore pas avec combien de raifon, & d’inftance, cette prétenfion mal fondée fut traverfée en divers fuffrages des Princes, & nommément par ceux de Magdebourg & de Bréme. Hé ! que deviendroit la liberté des Etats de l’Empire, fi elle dépendoit uniquement des fuffrages de l’Autriche, & qu’on ne pût fous peine de nullité, decider & finir aucune des affaires de l’Empire, fans l’agrement de ce dictateur Suprême?

(54) Ce qu’on appelle ici les Ennemis déclarez, ne fauroit être que tout le Collège Electoral , du confentement du quel cette tranflation de la Diéte a été faite.

(55) Autant de dures accufations, peu éloignées du crime de Leze Majefté, qu’on accumule dans cette propofition ,

au-

prendre des réfolutions & à faire des loix qui tendent à leur desavantage, à leur dommage, à leur oppreſſion, & à leur ruine (56), à cauſe que la France particuliérement ſe flatte de réuſſir beaucoup mieux à Francfort, que dans le lieu où ſe tient ordinairement l'Aſſemblée,

autant y trouve-t-on de menſonges raſſemblez. Une accuſation fauſſe, outrageuſe & très mal fondée, c'eſt celle-ci, qui rejaillit ſur l'Empereur & ſur tout l'Empire; ſavoir que la Tranſlation de la Diéte de l'Empire s'eſt faite par le Conſeil de la France. Tout cela n'eſt qu'une chimere artificieuſement inventée. Car ſi la Cour de Vienne n'eût point infeſté par ſes hoſtilitez démeſurées les environs de Ratisbonne, qui juſques-là avoit été la réſidence de la Diéte; que par ſes ravages ce ſéjour ne fut pas devenu mal ſûr & inhabitable, & qu'elle eût particulièrement ceſſé de faire des incurſions de la manière la plus injuſte dans le pays de Baviére ſur lequel elle n'a point de prétenſion; on n'auroit guéres ſongé à transferer la Diéte: & du côté de Sa Majeſté, on l'auroit auſſi-bien laiſſée à Ratisbonne, car on ne voit pas quelle différence ou qu'elle influence de plus, ce changement de Lieu met dans les affaires; puiſque la Diéte de Francfort, eſt compoſée des mêmes perſonnes qui compoſoient celle de Ratisbonne; que les délibérations s'y font & que les réſolutions s'y prennent, en comptant chaque ſentiment, ſans qu'on faſſe nulle attention aux murs, ni aux environs. Depuis un ancien tems, c'eſt une choſe indifférente & arbitraire, que de marquer où doit étre la Diéte, combien de tems elle doit y demeurer, ſi on la transferera & en quel lieu. Il n'y a ni loi, ni uſage qui fixe rien là-deſſus. Pour l'établiſſement d'une nouvelle Diéte, cela dépend de Sa Majeſté Impériale, & du plus grand nombre des Electeurs, de même que pour la tranſlation on s'en tient à ce que trouvent bon l'Empereur, & la plûpart des Etats. On ne trouve nulle-part que la Diéte doive toujours ſe tenir en un même lieu. Tout l'Empire ſait que tout cela dépend inconteſtablement de Sa Majeſté Impériale, & du plus grand nombre des Etats; de même que la préſence de l'Empereur, & de la plûpart des Etats, forme, non une prétendue, mais une véritable Diéte dont les réſolutions lient même ceux qui n'y aſſiſtent pas, & contre laquelle le moindre nombre des Etats, pour ne rien dire d'un

Etat unique, n'ont aucun droit, de former une queſtion d'Etat. Tout le public eſt temoin, que pour transferer la Diéte, Sa Majeſté Impériale, s'eſt conduite de cette façon. Elle en a fait faire la communication par ſes Miniſtres à ceux des Electeurs & des Princes, qui ſe trouvoient à Francfort. Elle en a eu le conſentement; cela s'eſt fait de la manière uſitée en ces cas-là. A plus forte raiſon, il n'y a qu'une envie de blâmer tout, mal-à-propos, qu'un penchant à tourner tout en mal, qui puiſſe rien trouver de repréhenſible dans ce qui s'eſt fait. Il n'y a perſonne qui ne voye les mauvaiſes ſuites qui en réſulteroient, ſi la contradiction d'un ſeul Etat avoit le pouvoir d'arrêter l'aſſemblée de l'Empire, & s'il étoit récevable à former une queſtion d'Etat, ſavoir ſi c'eſt une véritable Diéte, ou non.

(56) Si un eſpace de deux ans qui ſe ſont écoulez, ne faiſoit pas voir le contraire, on pourroit demander à l'Auteur, qu'il nous diſe, ſi par la tranſlation de la Diéte à Francfort, on a ſelon ſa ſuppoſition, forcé par une pluralité gagnée dans le Collège Electoral, les autres Etats à prendre quelque Réſolution, ou à porter quelque Loi qui ait tendu à leur desavantage, à leur dommage, à leur opreſſion & à leur ruine. Trouveroit-on bien quelque part dans l'Hiſtoire un éxemple d'une accuſation plus inſultante, & moins fondée contre les Electeurs, les Princes, & les Etats? Celle-ci porte en ſoi ſa condamnation, en ce qu'elle ſe détruit d'elle-même. Tout le monde ſait que le Collège Electoral ne peut point dans tous les cas prendre une Réſolution à la pluralité; il y a des cas où elle ne ſuffit point. D'ailleurs la concluſion formée par le Collège Electoral ne lie en aucune façon les autres Collèges. Pour faire une concluſion générale de l'Empire, il faut réunir les concluſions des trois Collèges. Chacun peut faire la ſienne à part, comme il l'entend, & enſuite les trois Collèges en font enſemble l'accord. Comment donc ſe figurera-t-on qu'on puiſſe par la pluralité des ſuffrages dans le Collège Electoral, préſcrire des loix aux autres Etats dans les Diétes? ou

quelle

blée, pour parvenir à tout ce qui peut favoriser l'éxecution des vaftes projets, qu'elle a formez au préjudice du bien commun (57).

Et comme Sa Majefté la Reine, prévient pour la feconde fois les chofes les plus injuftes, & les plus contraires aux Loix de l'Empire, en même tems Sa Majefté n'ignore pas par quels artifices d'autres voudroient féduire des Patriotes Allemands, des Co-Etats de l'Empire, pour avancer, & appuyer les fufdites vûes de la France (58), ainfi Sa Majefté a jugé néceffaire de s'adreffer par les préfentes au Directoire de l'Empire, de l'Electeur de Mayence, pour porter lui-même à la Dictature publique, & placer entre les Actes de l'Empire (59), comme il en a été requis d'une manière convenable, l'Acte

de

quelle apparence y a-t-il que Francfort foit plus propre qu'un autre lieu à produire cet effet? Perfonne ne s'eft jamais avifé de penfer qu'une Diéte générale fût un moyen d'introduire l'Oligarchie. La Maifon d'Autriche a fuivi pour cela un tout autre chemin, & n'a point voulu de Diétes; l'Hiftoire de Ferdinand II. & les Actes de la paix de Weftphalie font pleins de ces Griefs. Sa Majefté Impériale prend le contrepied; tous les Electeurs n'ont pas moins follicité le prompt rétabliffement des déliberations de la Diéte. On a toujours regardé la Diéte comme un boulevard de la Liberté commune, mais à préfent tout cela eft changé & fe prend dans un fens contraire, parceque la Cour de Vienne doute fi elle trouvera fon compte dans la Diéte par rapport à fes injuftes defirs.

(57) Si la France fe flatte de pouvoir mieux à Francfort que dans le lieu où fe tenoit ordinairement l'Affemblée, réüffir dans les grands projets qu'elle a formez au préjudice du bien général, on voudroit bien favoir pourquoi en deux ans, qu'il y a que cette tranflation eft faite, il ne s'en eft pas montré le moindre figne. Il faut donc que tout cela n'ait exifté que dans la fantaifie de l'Auteur; qui d'ailleurs ne peut avoir ignoré quelles raifons folides & importantes y ont engagé Sa Majefté Impériale; puifque les troubles qui étoient aux environs de Ratisbonne, & la cherté des Vivres qui en étoit une fuite, & en même-tems fon amour paternel pour l'Empire, qui lui faifoit fouhaiter d'être plus à portée de procurer à la Patrie un prompt rétabliffement de la tranquilité, font des motifs qui ont été connus de tout le monde.

(58) Autre nouvelle accufation contre les Co-Etats bien intentionnez pour la patrie; On leur impute de fe laiffer féduire par les artifices de la France, pour avancer & appuyer les vûes de cette Couronne. On doit ici s'étonner de la difcretion furprénante de l'Auteur: il parle de ces artifices de la France, en homme à qui ils ne font nullement cachez; & cependant il juge à propos de fe taire & de ne les point découvrir.

(59) L'Electeur de Mayence n'a pu être réquis de dicter ce Libelle diffamatoire. 1. Parce qu'il n'eft point dreffé avec les formalitez ufitées dans les Proteftations des Etats de l'Empire, quand ceux-ci veulent les porter à la Diéte. 2. Parcequ'il vient d'un Etat qui ne reconnoit ni Empereur, ni Diéte, ni Directoire de l'Empire. 3. Parceque tout le Collège Electoral, & l'Electeur de Mayence lui-même, y font déclarez ennemis publics. 4. Parceque cet écrit n'eft point dreffé avec la modération, & le refpect qui convient à un Etat de l'Empire, envers fon Chef & tout le Corps. Et enfin 5. Parceque ce n'eft point une réferve permife d'un droit particulier, mais qu'en effet c'eft une Declaration de Nullité, qui renverfe tout le Syftème de l'Empire, & par laquelle on foutient que l'Election & la Diéte font nulles & invalides. Les Etats de l'Empire ont eû à fouffrir un affez long efpace de tems de la part de la Cour de Vienne qu'on les empêchât injuftement de porter leurs interêts à la Dictature; c'eft ce que Sa Majefté Impériale n'imitera jamais: mais dans le cas préfent, elle n'a aucun tort & ne préjudicie en rien à la liberté des Etats, en s'opofant à la Dictature Comitiale d'un Ecrit qui lui contefte fon Etat, où on ne le reconnoît point pour l'Empereur, & qui même doit fervir de Proteftation; & en ne voulant pas qu'il foit mis parmi les

Ac-

de Protestation & d’éclaircissement le plus solemnel, & intimé comme
il appartient, non-seulement pour conserver tous ses droits, de la manière la plus forte, mais aussi pour laisser (60) à l’Empire, à la Postérité
la plus reculée, un Monument éternel, qui fasse voir comment, de son
côté, elle s’est offerte outre mesure à tout ce qui est juste & raisonnable, ou même à ce qui paroit l’être, & qu’elle a eu à cœur la felicité
générale, de la manière la plus marquée & la plus convenable.

Et en prémier lieu Sa Majesté la Reine de Hongrie & de Bohème,
Archiduchesse d’Autriche, notre très gracieuse Dame, a toujours compris qu’arrivant le cas du decès du Chef suprême de l’Empire, la prérogative particulière de l’Election libre d’un Roi des Romains ou Empereur,

Actes de l’Empire ; mais dès qu’on n’a
fait jusques-là aucun pas pour l’empêcher, c’est, par rapport à ce qui regarde
l’Empereur, une plainte aussi prématurée
que mal fondée. Quant à ce qui concerne le Directoire de Mayence, on pourroit fort bien demander, quel sujet a la
Cour de Vienne, de se plaindre si, sur ce
qu’elle ne reconnoît point pour légitime
la Diéte de Francfort, on use à son égard
de la Loi du talion ; & qu’on ne lui accorde point, ce, dont jouissent d’ailleurs
les Etats, qui s’acquitent de leur devoir
envers Sa Majesté Impériale ? ou bien
quel avantage constant & solide elle pourroit se promettre d’une chose faite dans
une Diéte qui n’est pas réelle, mais su-
posée, comme elle prétend que l’est celle
qui se trouve à Francfort. Une Diéte supposée n’a point d’Actes de l’Empire, ni
ne forme aucune conclusion de l’Empire ;
ainsi elle ne peut, ni nuire, ni aider. Si
donc la Diéte qui est à Francfort, est une
prétendue Diéte, comme la Cour de
Vienne la suppose, elle ne lui peut faire ni bien, ni mal ; ou bien il faut qu’on
croye à Vienne, comme il paroit qu’on
le pense effectivement, que cette Assemblée change d’état & de nature, selon
qu’une affaire est favorable, ou contraire à cette Cour : Par conséquent, dans
un cas la Diéte n’est que supposée, mais
dans l’autre elle est bonne & valide.
Mais si elle est legitime, il faut donc commencer par reconnoître la legitimité de
la Diéte, & celle de l’Empereur, sans lequel (dès qu’il y en a un dans l’Empire)
il ne peut y avoir de Véritable Diéte,
avant qu’on puisse en exiger & en attendre quelque-chose. Aussi-tôt qu’un Empereur est élu & couronné, il ne peut y
avoir de Diéte que par son consentement,
jusqu’à ce qu’il déclare s’il trouve bon que

l’on continue celle qui existe, ou s’il ne
le souhaite pas ; car un Empereur est à
la verité obligé de tenir la Diéte, mais
rien ne le force à en tenir une perpetuel-
le, ni en tout tems, ou jusqu’à ce
qu’il se soit entendu là-dessus avec les E-
tats. Mais quand un Empereur donne
à celle ci son consentement, il depend in-
contestablement de lui de déterminer le
terme de la prorogation, puisque c’est
de ce terme que commence prémièrement l’activité de la Diéte, & point du
tout auparavant. Ainsi il est très clair
que la Legation de Mayence, qui pour des
interêts particuliers se trouvoit à Ratisbonne dans le terme que Sa Majesté Impériale a fixé pour la prorogation de la
Diéte, n’a pu anticiper à Ratisbonne aucun Acte directorial ; & ainsi il n’a pu
entreprendre aucune Dictature de l’Empire, vû principalement que la Cour de
Vienne elle-même ne reconnoît ni la Diéte, ni par conséquent sa Dictature, ni
ne la tient point pour véritable & legitime. Elle ne laisse pas d’en prétendre les
effets, qui sont néanmoins inséparables de
leur cause. Mais comment peut-elle concilier l’éxistence du Collège Electoral à
Ratisbonne & la demande qu’elle fait à
Sa Majesté Impériale, qu’Elle contribue
elle-même à en former un des Envoyez
de ses plus proches parents, afin que de la
part de la Cour de Vienne, on puisse
protester contre son Election, & mettre
en forme ce qui se trouve en cela d’irre-
gulier ? Si on avoit à Vienne la Couronne
Impériale & qu’un autre Etat fit des demandes de cette nature ; quel bruit ! quelles
Clameurs ne feroit-on pas ! Mais selon
leurs principes, tout ce qui leur est permis,
ne l’est pas aux autres. Le public est accoutumé à leur voir tenir cette conduite.
(60) Le Monument éternel que la der-
G   nière

reur, felon la teneur de la Bulle d'or, qui eft la première loi fondamentale, appartient au Collège Electoral (61). Sa Majefté eft auffi d'autant plus éloignée de vouloir préjudicier le moins du monde aux Droits éminens du Haut Collège, qu'elle fe fait honneur d'en être un membre, felon les droits tout particuliers de la Couronne de Bohème, établis de la manière la plus forte, depuis plufieurs fiécles, par quantité d'Actes les plus obligatoires & fur-tout par la claire difpofition de la Bulle d'or. (62).

Sa Royale Majefté voit avec regret qu'enfuite des fentimens d'affection qu'elle a toujours temoignez, & qu'elle continue de temoigner pour la Patrie, les chofes en font venues à préfent fi loin, que des Puiffances étrangeres, comme on en a les preuves en main (63),

fe

nière pofterité aura des difpofitions de la Cour de Vienne à tout ce qui eft équitable, confifte en ce qui a été rapporté dans la Remarque 48.

(61) Madame la Grande Ducheffe convient que la prérogative particuliére de la libre Election d'un Roi des Romains ou Empereur, appartient au Haut Collège Electoral felon la teneur expreffe de la Bulle d'or, qui eft la première & la principale Loi fondamentale ; comment donc accorder avec cet aveu la demarche qu'elle fait en déclarant nulle & invalide une Election legitimement faite par tout le Collège Electoral, avec une parfaite unanimité ?

(62) En vertu des prétenfions de la Maifon Electorale de Bavière, il eft, au moins, très problematique que le Royaume de Bohème appartienne à Madame la Grande Ducheffe ; mais ce n'eft point ce dont il eft ici queftion. Il s'agit feulement de favoir fi, étant femme, elle pouvoit dans l'Election éxercer réellement les fonctions Electorales, foit en perfonne foit par fes Plenipotentiaires, & être confidérée comme un Membre du Collège Electoral. Il fe trouve de plus que la règle préfcrite par la Bulle d'or eft 1. Que l'office Electoral ne peut être éxercé que par des Mâles. 2. On y trouve bien à la verité au fujet de la Couronne de Bohème, qu'elle peut venir aux femmes ; mais qu'une femme puiffe être Electeur, & que, par une exception à la règle, elle puiffe faire les fonctions d'Electeur, C'eft ce dont il n'y a rien de décidé. Ainfi, comme felon la Maxime commune des Juris-confultes il eft dit, que l'exception confirme la règle dans les cas non exceptez, de même 4. La coutume de ce Royaume y eft contraire. Car toutes les fois que cette Couronne eft échue à des filles, ce n'a point été la Fille Heritiére qui a éxercé les fonctions Electorales, mais fon Mari, qui étoit réconnu Roi lui-même, & qui en cette qualité de Roi, *Vi Regni*, les éxerçoit. C'eft ce qui 5. dans le cas préfent, n'a pu avoir lieu, à caufe de la difpofition qu'avoit faite Charles VI. De là il s'enfuit naturellement que quand même il n'y auroit eu aucunes prétenfions de la part de la Maifon Electorale de Bavière, la Grande Ducheffe n'auroit pu prétendre à être admife à l'Election comme membre du Collège Electoral. Ce n'eft pas à la verité qu'il n'eût été plus agréable à la Cour de Vienne que tout fe fût paffé à fon gré ; que cette queftion eût été d'abord décidée à l'affirmative, qu'on eût réjetté les importantes objections qui étoient faites, & que par l'admiffion de l'Ambaffade envoyée pour cet effet, toutes fes prétenfions fur la Bohème euffent été accordées, & reconnues, tant par le Collège Electoral en corps, que par la Maifon Electorale de Bavière elle-même. Mais, de même qu'à Vienne on n'auroit voulu accorder rien de pareil, fi on y avoit été dans un cas femblable, il eft jufte d'en revenir à la maxime *que ce que nous croyons jufte en nous, ne nous doit point paroître injufte en autrui*. Quand le Collège Electoral n'a pas trouvé bon d'entreprendre la fufpenfion totale du fuffrage de Bohème d'un côté, la Cour de Vienne s'eft trop flattée, fi elle a cru que cela même mettroit ce fuffrage en une pleine activité, vû les importantes raifons qui prévaloient. On comprend bien le mécontentement ; on n'eft point accoutumé à voir la dignité Impériale en d'autres mains. De là il eft arrivé que

ne

ſe jouent des premières & des principales Loix fondamentales de l'Empire, de ſes réſolutions, & de ſa conſtitution, & de tout ce qui juſqu'à préſent a été reſpecté comme très-ſacré en Allemagne, & même de la paix de Weſtphalie. Elles ne ſont pas peu ſcandaliſées de l'aveuglement de ceux de qui c'eſt la faute. (64).

Il ne tiendra pas à Sa Majeſté la Reine, à l'avenir non plus que juſqu'à préſent, que les prérogatives du Collège Electoral en particulier, la dignité, les droits & le répos de tout le Corps Germanique, & de chacun des Co-Etats qui le compoſent, ne ſe retabliſſent (65), & que ſelon la teneur expreſſe des Loix fondamentales de l'Empire, on ne les mette pour toujours à couvert des Intrigues, & des oppreſſions, tant du dehors que du dedans (66), qui ne ſont que trop manifeſtes.

Sa

ne trouvant point de meilleur fondement, & ne pouvant rien imaginer qui pût traverſer l'Election de Sa Majeſté Impériale, on a laiſſé inutilement paroître ſon chagrin par des raiſons deguiſées, & inſoutenables. De ſorte donc que *Jus Singulorum*, le droit de chacun n'eſt moins applicable en aucun endroit, qu'en ce cas-ci; prémièrement, parceque la Bulle d'or détermine l'affaire de l'Election, & ce qui en depend, à la pluralité; & en ſecond lieu, parceque, comme on ſait, dans toutes les affaires qui regardent tout l'Empire, ou un Collège, en tant que c'eſt un Corps ou un Collège, *quâ Corpus*, *quâ Collegium*, où dans leſquelles les membres doivent être conſiderez conjointement, en tant qu'ils ſont enſemble un même Corps, aucun Droit d'un chacun *Jus ſingulorum*, ne peut avoir lieu. Mais outre cela, on ne peut nier, que l'affaire de l'Election ne regarde les Electeurs, non chacun d'eux en particulier, *non ut ſingulos*, mais en tant qu'ils forment enſemble un Collège, *quâ Collegium*, & qu'ils ne ſont là conſiderez que comme faiſant un ſeul Corps; & ainſi, que pour cette raiſon dans l'Election même, qui eſt leur fonction Capitale, les matieres ſe décident à la pluralité, ils peuvent & doivent employer auſſi le même moyen pour en venir plûtôt à l'Election, & en écarter les obſtacles, ſans que pour cela il ſoit queſtion des droits d'un chacun, *de juribus ſingulorum*. Mais ſi on veut parler des Droits d'un chacun, on le pourroit faire à plus juſte titre de la Garantie de la prétendue Pragmatique Sanction, ſurpriſe de l'Empire par toute ſorte de moyens. On n'y peut trouver aucun biais par lequel on puiſſe la faire paſſer pour une choſe qui concerne les Etats en Corps,

quâ Corpus. Celle-ci concernoit les droits de deux parties, & par conſéquent de chacune d'elles; & s'il s'agiſſoit de nullitez, il y a en effet un beau champ pour cela dans cette garantie, & non pas dans l'Election de Sa Majeſté Impériale faite unanimement par huit Electeurs.

(63) Le public eſt bien aſſuré que, ſi on avoit effectivement de pareilles preuves en main, on ne lui en feroit certainement pas un ſecret, ainſi ce n'eſt qu'une pure fanfaronade.

(64) Des Puiſſances étrangeres ſe jouent de la Bulle d'or, des réſolutions de l'Empire, de toute ſa conſtitution, & de tout ce qui juſqu'à préſent a été reſpecté comme très ſacré en Allemagne, & même de la Paix de Weſtphalie; & néanmoins, ces mêmes Puiſſances ſont fort ſcandaliſées de l'aveuglement de ceux de qui c'eſt la faute! Il eſt contradictoire que ceux qui ſe jouent d'une choſe, ſoient gens à s'en ſcandaliſer. On voit ici que cela n'eſt écrit que pour groſſir la déclamation en entaſſant des paroles ſans fondement ni raiſon.

(65) Pour faire voir que la Cour de Vienne veut retablir les prérogatives du Collège Electoral en particulier, la dignité, les droits, & le répos du Chef de l'Empire d'Allemagne, & de chacun des Etats qui le compoſent, voici les preuves qu'on peut librement & indubitablement employer. C'eſt qu'on déclare ennemi de Madame la GrandeDucheſſe tout le Collège Electoral en Corps; On cherche à annuler l'Election, à attaquer la legitimité d'une Diéte qui ſubſiſte legitimement depuis quatrevingts ans; à déclarer d'avance que tout ce que fera l'Empire ſera nul; à renverſer, autant qu'il dépend d'elle, tout le Syſtême de l'Empire

pire

Sa Majefté n'a abfolument d'autres vûës que de conferver la fuc-ceffion qui lui a été garantie par tout l'Empire de la maniere la plus folemnelle, & la plus obligatoire (67). Le but unique & falutaire de Sa Majefté la Reine, fera toujours de faire tous fes efforts de fa part, & d'employer toutes fes forces pour garantir la liberté générale. Après ce qui s'eft paffé cette année, perfonne ne peut aucunement douter, que fi fes extrêmes efforts avoient été fecondez, par d'autres qui avoient le même interêt pour leur propre confervation, au lieu de fe laiffer fur-prendre par un appeau étranger qui même a été dementi par les effets; & fi elle avoit été foutenue, on auroit pu apporter remede aux maux qui ont pris le deffus par le retardement de ces mefures (68).

Mais après que non-obftant les efforts de Sa Majefté la Reine, pour le repos, le bonheur, la dignité & la confidération de la chere Patrie Allemande, & non-obftant les fincères difpofitions qu'elle a conftam-

ment

pire; & à brifer felon fon intention le lien qui eft entre le Chef & les mem-bres.

(66) Puifqu'on parle ici d'intrigues & d'oppreffions au dedans qui ne font que trop manifeftes, & que les Privileges du Collège Electoral en particulier, comme auffi la dignité, *les droits & le répos du Chef*, de l'Empire, & des Co-Etats ont été éprouvées, ces intrigues du dedans ne peuvent venir d'aucun autre que des Co-Etats de l'Empire. C'eft-là encore une odieufe Accufation, que chaque Etat de l'Empire a interêt de repouffer loin de foi. Il paroît donc qu'il n'y auroit point d'injuftice, que tout l'Empire obligeât la Cour de Vienne à prouver cette accufa-tion. Du-moins il n'eft pas croyable qu'un Ecrit qui contient une accufation fi fauffe & portée contre tous les Etats de l'Empire, puiffe être confervé entre les Actes de l'Empire.

(67) On a déjà plus d'une fois montré ce qu'il y a à fe rappeller touchant cette Succeffion, que l'on dit avoir été fi folem-nellement garantie; Mais on n'a que trop fait voir qu'outre le defir de la conferver, on a encore d'autres vûës acceffoires: qui eft-ce qui ignore que cette Campagne le plan étoit d'enlever à la France des Pro-vinces importantes, fi on eût pu l'enta-mer; d'engager l'Empire dans une dan-gereufe guerre contre cette Couronne? Le fuccès n'a pas repondu à ce chiméri-que projet; mais pourtant, bien des Pro-vinces Allemandes ont éprouvé à leur grand domage, que la Cour de Vienne, ou-tre la confervation de la fucceffion qu'el-le demande, a encore d'autres vues dan-gereufes pour l'Empire.

(68) Il n'y a point de Patriote Allemand qui ne reconnoiffe ici l'appeau ordinaire dont fe fert la Maifon d'Autriche, afin de fe procurer de l'appui pour fon propre avantage. Cet appeau confifte à vouloir engager l'Empire en une guerre généra-le, pour l'éxécution des vues particuliéres de l'Autriche, de s'agrandir aux depends des trefors, & des Troupes de l'Allemagne. Mais fi-tôt que le bonheur ne lui en veut pas, elle la laiffe dans la peine, & s'en tire elle-même par le facrifice de quelques Provinces de l'Empire.

(69) Ce ne font ici que de pures repe-titions de ce qui a déjà été dit quantité de fois, & on voit que l'Auteur n'a d'autre but que d'égarer fon lecteur. Comme les bonnes raifons lui manquent, il cherche à y fupléer par des paroles inu-tiles, & par un grand babil, non à con-vaincre, mais à faire illufion.

(70) Dans ces paroles on affecte de confondre enfemble deux chofes très differentes l'une de l'autre, pour atta-quer d'une maniere très indécente Sa Majefté Impériale fur tout, & tout le Collège Electoral. 1. Il y eft dit que l'Election a été appuyée & foutenue par la force des Troupes étrangeres. 2. Que ces Troupes ont été menées dans le Royaume de Bohême pour y enfrein-dre la Paix publique & la Bulle d'or. La première de ces deux affertions eft un menfonge groffier; puifque tout le mon-de fait que la guerre entre la Maifon de Bavière, & Madame la Grande Duchef-fe, n'a aucun rapport avec l'Election. On fait de-plus que les Troupes Françoi-fes Auxiliaires ne fe font point trouvées au lieu de l'Election, & qu'on n'a pas

fait

ment temoignée , & qu’elle continue toujours d’avoir pour la paix,
on a directement, contre la difpofition de la Bulle d or déja citée, con-
tefté à Sa Majefté la Reine de Hongrie & de Bohème, le droit qu’Elle avoit
virtute Regni, à l’Election d’un nouveau Roi des Romains ou Empereur, en qualité d’inconteftable heritiére du Royaume de Bohème,
de la part de quelques-uns qui vouloient former des prétenfions fur
cette fucceffion, en tout ou en entier, ou même des Co-Electeurs qui
s’intereffoient pour l’Electeur de Bavière ; & qu’enfuite fes ennemis
qui d’eux-mêmes s’étoient rendus juges, ont exclus, ou laiffé répofer
le Royal & Electoral fuffrage de Bohème pour cette fois ; & que de
plus par une conduite inouïe dans l’Empire depuis qu’il fubfifte (69), on
s’eft appuyé de la force des nombreufes Troupes étrangeres, qu’on a
fait entrer par une infraction de la Paix publique, & de la Bulle d’or,
qui a fi bien pourvû durant l’interregne à la fureté des Electorats (70) pour

un

fait la moindre menace. Cependant ce menfonge tend à faire l’outrage le plus in-
fultant au Collège Electoral, qui devroit
avoir perdu tout fentiment d’affection
pour fa patrie, pour fon propre honneur,
pour la confervation de fes prérogatives, & avoir meconnu fes propres forces, fi par la crainte d’une violence
étrangere, qui même n’exiftoit pas, il
s’étoit laiffé intimider jufqu’à montrer
tant de foibleffe. Quant à l’autre point ;
il eft bien vrai que la Bulle d’or a pris
avec juftice toutes les précautions pour
la fureté, & l’inviolabilité des pays Élec-
toraux, que la Cour de Vienne éxalte
tant : Mais cette même Bulle d’or a
réglé d’avance, que chaque Electeur de
l’Empire, le Roi de Bohème, auffi-bien
que tous les autres, au cas qu’un autre
État de l’Empire ait des pretenfions à
fa charge, doit les réconnoître, &
s’accommoder par les voyes de droit
ufitées dans l’Empire. Mais elle
n’ordonne point que fi celui-ci réfufe
de s’accommoder, & ne laiffe à celui
qui a des prétenfions fur lui, d’autre
parti à prendre, que celui de fe dé-
fifter de fes demandes quelque juftes
qu’elles foient, ou de recourir à la voye
des armes, qui eft permife d’elle-même
dans le cas d’une extréme néceffité, dans
lequel ceffe ou manque tout accommodement, toute décifion équitable, il ne puiffe pas recourir aux armes comme au feul
juge qui lui refte. Une telle loi feroit
contraire à tous les Droits communs de la
Nature & des Gens, auxquels néanmoins
aucune loi fpeciale ne peut deroger ; &
par-conféquent la Bulle d’or, n’a ni voulu, n’y pu rien dire à l’encontre. Mais

on fait à préfent de quelle manière la
Maifon d’Autriche, au grand dommage
du Corps Germanique, a cherché par de
fpécieux Priviléges, à s’exempter de la
Jurifdiction, & à mettre fes poffeffions,
& entre autres la Bohème, dans une pré-
tenduc Franchife. Quand des Etats de
l’Empire ont eu fur elle des prétenfions,
elle n’a voulu s’en raporter ni aux Hauts
Tribunaux de l’Empire, ni aux Auftreges, quoique la Couronne de Bohème en
particulier, ait avec divers Etats des
Auftreges conventionnelles. On ne fe donnera point la peine d’en fournir des Exemples, & pour paffer les autres fous filence,
il ne faut que confidérer ce qui s’eft paffé
à l’égard des Evêchez de Bamberg, de
Trente & de Brixen, & combien peu on
a pu parvenir à terminer leurs differents ;
quoique le Collège Electoral, & tout
l’Empire les protegeaffent & fouhaitaf-
fent que la Maifon d’Autriche put fe ré-
foudre à en laiffer la décifion au tribunal
de la Chambre, ou aux Auftreges.

Ainfi, puifque la Maifon d’Autriche,
au moyen des nouveaux principes qu’elle s’eft faits depuis la Bulle d’or, ne reconnoît entre elle & les autres Etats,
ni juge, ni jurifdiction ufitée d’ailleurs
dans l’Empire, & qu’en étendant cette
independance fur le Royaume de Bohème, elle fe met elle-même hors de la
préfupofition fur laquelle eft fondée
dans la Bulle d’or, l’inviolabilité des E-
tats Electoraux ; Sa Majefté Impériale
n’ayant plus la reffource juridique des
voyes de Droit, & ne voyant aucun jour
à un accommodement, s’eft vue par-là
dans la néceffité d’implorer le fecours
des armes, & de l’employer comme l’u-
H   nique

un defquels la Bohéme a toujours été reconnue, & qui deffend fi expreffément une pareille introduction. Ainfi Sa Majefté, ma très Gra-
cieufe Reine fe rapporte à toutes & chacune des referves, & Proteftations que fon troifième Ambaffadeur à la Diéte affemblée à Francfort,
pour l'Election, a été forcé de faire; & les renouvelle ici (71) de la
manière la plus folemnelle dans les Annexes ci-jointes & plus dans
l'information imprimée conformément aux Actes.

Et comme cela fait voir clairement combien eft nulle, & illegitime
l'exclufion, ou la quiefcence du fuffrage Royal & Electoral de Bohème, d'autant plus que la Bulle d'or porte expreffément qu'il ne peut
être exclus, ni fe répofer, fous peine de nullité de tout ce qui autrement pourroit être fait (72), & qu'outre cela ce n'eft pas à la pluralité du Collège Electoral, & encore moins aux ennemis déclarez de Sa
Ro-

nique juge qui lui reftoit. Ainfi la Cour
de Vienne, ne peut s'apliquer dans le cas
préfent les réglemens de la Bulle d'or,
ni réprocher à l'Empereur la transgref-
fion de cette Loi de l'Empire. Il en eft
de même de la Paix publique, qui n'a été
nullement faite en faveur de ceux qui re-
jettent toutes les voyes de droit, &
mettent leur partie adverfe dans la néceffité de recourir aux armes. Du refte
tout ce qu'on objecte contre les Troupes,
Auxiliaires Françoifes, pour exciter l'envie, fe détruit parcequi vient d'être dit:
car dès que c'eft une Loi établie, qu'au
défaut des autres voyes de droit, on doit
& on peut avoir recours à celle des armes, on ne voit pas ce qu'il peut y avoir
de plus ou de moins jufte que les Troupes dont on fe fert pour cela foient Françoifes, ou de quelque autre Nation. On
a vu fous les derniers Empereurs des
Troupes Françoifes traverfer l'Empire
pour aller en Hongrie, & des Troupes
Ruffiennes venir jufqu'au Rhin, & même quand l'Electeur de Mayence prit
Erfort avec des Troupes Françoifes, &
que quelques Etats voulurent parler contre cette conduite, l'Empereur Léopold
lui-même l'approuva, & fut d'avis que
l'Electeur de Mayence avoit pu prendre le monde dont il avoit befoin, où il
avoit jugé à propos. Or on ne trouvera point que Sa Majefté Impériale ait
fait rien que ce qui fe trouve dans les
Exemples alleguez donnez par l'Autriche.
Et pourquoi ne Lui accorderoit-on pas
également la régle, qui veut, qu'où il n'y
a point de différence du fait, il ne doit
y avoir aucune différence de raifon? Car
il eft notoire que Sa Majefté Impériale
en qualité d'Electeur de Bavière qu'Elle

étoit alors, immediatement après le de-
cez de Sa Majefté Impériale Charles VI.
de très glorieufe Memoire, ne cacha point
fes juftes prétenfions, & protefta d'a-
bord contre la prife de poffeffion particuliére. On fait qu'Elle offrit de terminer
à l'amiable ce différend; & que non-obftant le refus qu'on Lui fit d'entrer en aucune compofition, Elle attendit plufieurs
mois avant que de déclarer la guerre,
ne demandant que ce qui étoit jufte. Quel
autre moyen refte-t'il entre Souverains,
que de fe procurer par les armes la juftice qu'on refufe entiérement? De plus,
pourquoi la Maifon Electorale de Bavière n'auroit-elle pas le droit d'Alliance
Jus foederum, qu'ont tous les Etats de
l'Empire? Pourquoi au défaut des forces qu'Elle n'a pas en nombre fuffifant, ne
pouroit-elle pas s'appuyer des Troupes
Auxiliaires de fes Alliez? Mais ces Troupes Auxiliaires n'ont point été à charge
à l'Empire. Elles n'ont pris qu'un paffage conforme aux conftitutions, elles ont
tout payé argent comptant. Elles font allées en droiture, fans faire de longs Campemens pour y demeurer dans l'inaction, &
elles fe font rendues dans les pays qui ne
pouvoient pas, naturellement, être épar-
nez dans cette guerre. Mais que dira-t-
on de ces Troupes Auxiliaires que Madame la Grande Ducheffe a fait marcher
dans l'Empire pour appuyer fes vaftes
deffeins, & pour attaquer hoftilement la
Couronne de France fur fes propres Frontiéres, & non pas pour fa défenfe, puisqu'elle n'en avoit plus befoin? Que dire
de ces Troupes qui font demeurées bien
des mois dans l'inaction, ont exigé des
innocens Etats de l'Empire de groffes
livraifons, fans payer, ont commis des
ex-

Royale Majesté de connoître (73) & de décider de ce droit très particulier, *Super hoc jure Singularissimo*: Ainsi la susdite très Haute &
Gracieuse Reine de Hongrie & de Bohème, en appelle à tous les
Electeurs, Princes, & Etats de l'Empire (74), & par conséquent à tout
le Corps entier, dès qu'il sera tranquile & delivré des Troupes étrangeres qui sous le nom d'Auxiliaires ont été injustement introduites,
contre la Bulle d'or, la Paix Publique, les traitez de Westphalie, &
autres traitez de Paix (75). Et cet appel doit avoir d'autant plus d'effet
dans les conjonctures présentes, que selon les constitutions fondamentales de l'Empire, dès qu'il s'agit d'une Explication Authentique
d'une Loi fondamentale de l'Empire, elle ne se peut faire que par
l'assemblée de l'Empire (76). Par conséquent les Seigneurs Co-Electeurs impartiaux, tout le Louable Collège des Princes, & celui des
Vil-

R E M A R Q U E S.

excès innombrables, y n'ont pas même
gardé la discipline, que des Troupes Re-
guliéres observent en pays ennemi; s'y
sont fait payer les Sauvegardes, comme
on les fait payer aux ennemis, & ne les
ont pourtant pas respectées ; mais ont
pillé des Villages entiers, abattu des ar-
bres fruitiers, ruiné les Vignobles, &
fait de tels dégâts en Allemagne qu'à
peine en trouveroit-on des éxemples dans
l'Histoire ? Si quelqu'un doute de ces
faits, qu'il s'informe le long du Mein, &
du Rhin. Les pauvres habitans qui en
gemissent encore, & qui font pour la plûpart ruinez, leur en pourront dire des
tristes nouvelles.

(71) Les reserves & les protestations
présentées à Francfort, par le Baron de
Brandau, étoient comme celles-ci, remplies
d'expressions si indécentes, & si contraires à toutes le constitutions de l'Empire,
que le Collège Electoral n'a pu s'empêcher unanimement de les rejetter. C'est
pour-quoi celles-ci auront le même destin,
par ce qu'elles sont encore moins propres à être mises dans les Actes de l'Empire.

(72) La Bulle d'or dit aussi, également, qu'une Femme ne sauroit être Élec-
teur, & elle n'apporte aucune Exception
en faveur de la Bohème sur ce qui regarde l'éxercice de la fonction Electorale.
Ainsi comme il ne se présentoit aucun
Electeur de Bohème qui le fût sans contestation, & que l'Empire ne pouvoit demeurer plus long-tems sans Chef; il fal-
lut donc procéder à l'Election par l'unanimité, en réservant néanmoins les Droits
de ce Royaume. On demande de bon-
ne-foi à tout homme impartial, s'il y

avoit un autre moyen pour sortir de
cette affaire, vû sur-tout que dans les
circonstances que tout le monde sait, il
n'étoit pas possible dans un interregne de
parvenir à une interpretation Authentique de la Bulle d'or ?

(73) Qui donc en devoit connoître ?
Etoit-ce la Cour de Vienne ? Peut-être
est-ce un des grands Privileges d'Autriche de pouvoir être juge, & partie, dans
une affaire. L'affaire ne fut point trai-
tée à la pluralité, mais par l'unanimité ;
& pas un membre du Collège Electoral
ne s'oppofa à cette conclusion. Mais
dans tout le Collège il n'y avoit que les
Rois de Pologne, & de Prusse, & que
Son Altesse Électorale de Bavière qui
fussent en guerre avec la Grande
Duchesse. Si donc tous ceux qui ne
donnent pas aveuglément dans toutes les vues de la Cour de Vienne sont
ennemis déclarez de Madame la Grande Duchesse, cette accusation retombe
encore une fois sur tout le Collège en
Corps.

(74) Comment Madame la Grande
Duchesse peut-elle en appeller à tous les E-
lecteurs, Princes, & Etats, puisqu'elle re-
proche tant de fois aux premiers qu'ils sont
ses ennemis déclarez, & qu'elle les taxe
d'un respect timide, qu'elle declare nulle & invalide l'Assemblée de l'Empire
& veut bouleverser tout le Système du
Corps Germanique.

(75) Comme ce n'est là qu'une vai-
ne répetition des criminations précédentes, il est inutile d'y répondre plus au
long.

(76) Qui est-ce qui en a jamais dou-
té!

H 2   (77)

Villes de l'Empire, ont avec la Reine un grand & manifeste interét à ne se pas laisser dépouiller d'un droit si bien fondé, par la puissance supericure des Armes Françoises (77). Il est aisé de comprendre que tout ce qui peut avoir lieu à l'égard d'une interprétation Authentique, doit encore plus avoir lieu quand il s'agit d'une alteration formelle d'une Loi fondamentale, & particuliérement de la première Loi fondamentale qui est la Bulle d'or (78). De plus il n'est pas moins Evident de quelle dangereuse suite il feroit, non pas feulement pour un Etat qui facrifie la grandeur, & le bonheur de l'Empire au gré d'une Couronne étrangére (79), mais encore pour tout bon & fidéle patriote si fon fuffrage étoit exclus ou à la quiefcence (80) de la même manière que celui du Royaume de Bohème l'a été felon le bon plaifir des Etrangers, & de cinq Ennemis unis. Il n'y auroit plus de droit, plus de poffeffion qui fût en fureté, & toute la conftitution de l'Empire ne feroit qu'une chimére, un être qui n'exifte point (81). C'est ce que les Ennemis de Sa Majefté la Reine femblent avoir reconnu, lorfque croyant tranquilifer les autres Etats fur une inquiétude si bien fondée, ils ont fait gliffer bien expreffement dans la prétendue Capitulation

(77) Quel préjudice les armes de France ont-elles caufé au droit d'interpreter les Loix de l'Empire? Où eft une interprétation des conftitutions Impériales, que quelqu'un ait faite? On fait fort bien qu'on a voulu faire entendre, que par l'indifpenfable quiefcence du fuffrage de Bohème, le Collège Electoral s'étoit attribué à lui feul l'interpretation des Loix de l'Empire. Ce n'eft pas ici le lieu d'éxaminer s'il le pouvoit faire, ou s'il ne le pouvoit pas, il ne s'agit que de favoir s'il l'a fait. Pour ne rien dire de cela on voit bien évidemment que le but de la Cour de Vienne eft, d'animer par-là les Electeurs, & les Etats de l'Empire les uns contre les autres. L'unique queftion principale à laquelle on en eft fimplement venu dans cette affaire, favoir fi une femme, à qui la Couronne de Bohème eft échue, peut être Electeur par une exception à la régle, elle n'a été alors aucunement decidée, & il ne s'eft fait aucune interprétation de la Loi de l'Empire. On a déjà fait affez voir, que l'Election ne pouvoit pas être differée jufqu'à ce qu'on eût éclairci à fonds & réfolu cette queftion.

(78) Tout ce babil eft à pure perte, on n'a fait aucune alteration à la Bulle d'or.

(79) Qu'une Puiffance qui pretend être un Co-Etat de l'Empire, ofe de-nouveau reprocher au Haut Collège Electoral d'en

avoir facrifié l'honneur, & le bonheur au gré d'une Puiffance Etrangère, c'eft un Excès dont on ne trouve point de modéle en aucune Hiftoire.

(80) On ne nomme ici que cinq ennemis unis après qu'on a déclaré plus haut tout le Collège Electoral ennemi de la Reine: mais ce ne font pas feulement les cinq qui étoient unis, ce font tous les Electeurs qui ont confenti & trouvé bon que le fuffrage de Bohème fe repofât. Ils ont acquiefcé au fentiment des autres & par là il s'en eft formé une conclufion générale du Collège. Entre Souverains, on n'appelle pas ennemis ceux qui fur l'un ou l'autre point penfent differemment. Cette qualification ne fe donne qu'à celui qui eft entré en une guerre déclarée contre l'autre. Or on feroit curieux de favoir, où, quand, & comment les Electeurs de Mayence, de Cologne & Palatin, ont déclaré la guerre à Madame la grande Ducheffe. Bien plus, l'Auteur laiffe voir ici de nouveau que la Cour de Vienne regarde comme fes ennemis déclarez, ceux qui ont l'incomplaifance de ne fe pas foumettre aveuglément à fes décifions defpotiques, & qu'elle les traiteroit comme tels, fi cela étoit en fon pouvoir.

(81) Ainfi donc les Conftitutions de l'Empire ne feroient plus qu'une chimére, un être qui n'éxifte point, s'il étoit permis à un Co-Etat, comme la Cour de Vienne le pre-

tion de l'Election faite à l'exclusion du suffrage de Bohème qui doit toujours subsister, & non se réposer, Election par conséquent nulle; Art.
I. §. 3. „ Que tous & un chacun des Etats de l'Empire conserveront
„ leur Libre séance & voix à la Diéte de l'Empire, & que sans un consen-
„ tement donné préalablement par les Electeurs, & les Princes & Etats
„ de l'Empire, aucun Etat de l'Empire qui aura séance, & suffrage dans
„ la Diéte ne pourra en nulle façon être suspendu, & exclus (82)". Comme
si ce qui n'est accordé en aucune déliberation de l'Empire étoit permis,
& valable (83), dans l'affaire la plus importante qui est l'Election d'un
Chef suprême; comme si Sa Majesté la Reine devoit être de pire condition
que tout autre Etat de l'Empire (84), & qu'à son égard ce qui est d'ailleurs
injuste, dût être regardé comme conforme au Droit, ou si d'autres E-
tats de l'Empire, après qu'on a si manifestement violé en sa Royale Personne les Loix de l'Empire, & les autres régles incontestables du Droit
de la Nature, & de tous les autres Droits divins & humains, en vertu
desquels des Ennemis ne peuvent s'arroger la qualité de juges, pouvoient trouver quelque sureté dans la précaution qui a été prise dans
cette Capitulation d'une Election nulle (85). Dans ces circonstances que
tout

R E M A R Q U E S.

pretend de déclarer l'Empereur, & la Diéte nuls & invalides; de dire que des Loix de l'Empire legitimement dressées sont de prétendues Loix de l'Empire, & qu'elles sont de nulle valeur; de ne pas présenter à l'Empereur & à l'Empire des remontrances au sujet de la prétendue lesion d'un droit particulier, & de n'en pas faire des reserves légales, mais de tâcher à faire recevoir artificieusement des Protestations de Nullité, & par-là d'anéantir la constitution même de l'Em-pire.

(82) Le paragraphe cité de la Capitu-lation d'Election de Sa Majesté Impéria-le, n'a pas plus de liaison avec le cas dont il s'agit, qui si quelqu'un disoit, à *propos de Bottes*, *comment va la pêche de la Baleine.* La voix de Bohème n'a été ni suspendue, ni excluse, ni par provision, ni d'aucune autre manière. Mais com-me il ne se trouvoit aucune personne habile à la donner, cette voix se suspen-doit, & s'excluoit elle même; ou plûtôt on ne pouvoit differer l'Election jusqu'à ce qu'on eût éclairci la principale question qui avoit été formée à ce sujet, & qui ne pouvoit être décidée à fonds durant l'interregne. Ce passage n'a point été fait comme l'Ecrivain voudroit bien nous le faire accroire, & il ne s'est introduit aucune nouveauté dans la dernière Capi-tulation; mais elle est conforme aux pré-cédentes pour ce qui regarde les princi-paux Articles; & quant à ce qui y est

survenu de nouveau, il n'y a personne assez peu instruit du droit Public de l'Al-lemagne qui ne sache que ce n'est point la Quiescence du suffrage de Bohème, mais certaines entreprises que la Cour Impériale précédente avoit en vûe pour la suspension d'une certaine Maison de Princes, qui ont donné occasion au Haut Collège Electoral de prendre une nouvel-le précaution, & de penser en même-tems à la suspension Provisionnelle.

(83) Ce n'est point cela. Il n'a été ici question d'aucune suspension *a Sessione & Voto*, du droit de séance, & de suf-frage, ni totale, ni provisionelle, la Quiescence ne porte que sur l'incapacité, du côté de la personne.

(84) Madame la Grande Duchesse ne peut être de pire condition que tout au-tre Etat de l'Empire, si d'ailleurs elle re-connoît l'Empereur & l'Empire, comme son devoir l'y oblige. Mais aussi elle n'est pas de meilleure condition, & on ne peut pas plus pour elle que pour eux, fai-re ensorte que ce qui est impossible de-vienne possible; ni changer en personne habile, celle qui ne l'est pas.

(85) Ce qu'on rapelle ici de nouveau sur un ton de déclamation, n'est qu'un amas de répetitions & de petitions de prin-cipes, pour aigrir, d'une manière qui n'est nullement permise, les esprits des Etats de l'Empire contre leur legitime Chef suprême. On peut dire avec bien plus de justice; qu'il repugne à toutes les régles

I

tout l'Empire fait, l'exclufion ou la Quiefcence du fuffrage Royal & E-
lectoral de Bohème refolue de la manière qu'on a dite, ne s'accorde
point avec le texte litteral de la Bulle d'Or, & par conféquent l'Election
qui doit avoir été faite de Son Alteffe Electorale de Bavière non-obftant toutes les réferves & proteftations fondées en droit, pour le
Royaume de Bohème, (tant par ces preffants motifs, que parce qu'elle
ne peut être naturellement regardée comme une Election libre, à caufe des cens mille Hommes de Troupes Etrangeres qui étoient entrez
dans l'Empire,) eft & demeure abfolument nulle & non valable, fans
quoi, hors ces circonftances & les nullitez irremediables, qui en reful-
tent, comme on le déclare ici encore une fois de la manière la plus expreffe & la plus forte (86), Sa Majefté la Reine n'auroit pas fait la
moindre oppofition au refultat de l'Election de quelque manière qu'il
eût pu tourner.

Si donc comme on l'a jufqu'à préfent demontré, tout ce qui s'eft
fait ci-devant à Francfort, à l'exclufion, ou avec ce qu'on appelle Quiefcence

R E M A R Q U E S.

gles inconteftables du Droit de la Nature, & à tous les autres Droits divins &
humains, qu'un Etat de l'Empire pré-
tende être juge dans fa propre caufe, &
en vienne jufqu'à traiter de Capitulation
d'une Election nulle, la Capitulation
d'Election préfcrite & dreffée par tout
le Collège Electoral; que non content de
fe réferver les droits qu'il croit avoir,
& qu'il penfe avoir été lefés, il ofe au
mépris de toutes les Loix divines, &
humaines, perdre publiquement le refpect, qui eft dû à fa facrée Majefté par
fes ennemis mêmes les plus irritez; &
cela, jufqu'au point de vouloir détacher,
(fans qu'on en ait donné le fujet le plus
leger) tous les Etats de l'Empire, de la
fidélité, & de la confiance envers la Perfonne facrée de fon Chef fuprême, en
leur affurant qu'ils ne peuvent trouver
la moindre fureté dans ce que Sa Majefté Impériale a folemnellement promis &
juré: & par là il veut effectivement accufer Sa Majefté Impériale d'avoir ci-devant enfreint quelque ferment. Pourroit-
on bien imaginer quelque chofe de plus
inoui, de plus impie, & de plus outra-
geux pour la Majefté? Se trouvera-t-il
dans tout l'Empire un Allemand vraiment
Patriote en qui ces calomnies, & ces
outrages faits à Sa Majefté n'excitent pas
la plus forte indignation? Y en a-t-il un
qui aime affez peu l'honneur, & la dignité de la Nation Allemande, pour ne pas
fouhaiter qu'on en faffe un chatiment
exemplaire felon Loix, & pour n'y pas
concourir même de toutes fes forces?

(86) On auroit cru que dans tout ce
qui précede, l'impudent Auteur de cet
Ecrit fcandaleux, & diffamatoire, auroit
tellement épuifé toute l'écume de fon infa-
me bile, qu'il ne pouvoit pouffer plus loin
des outrages dignes du plus févere châtiment. Mais on doit lire avec horreur
que fa méchanceté eft encore capable de
plus grands excès. L'Election legitime
qui s'eft faite de Sa Majefté Impériale,
demeure legitime en depit de toutes les
impoftures de l'Ecrivain, & de fes pareils. Elle fera qualifiée une Election
légale, & qui doit fubfifter. Mais felon
lui, cent mille hommes de Troupes é-
trangeres l'ont fait faire par force; cette Election doit étre & demeurer nulle,
& fans force; & même elle doit auffi,
à caufe de cette circonftance, & des autres nullitez qui en proviennent, & qui
font irremediables, être déclarée encore
une fois pour nulle, & non valable.
Ainfi ce calomniateur accufe Sa Majefté
Impériale d'avoir agi contre le devoir
d'un des principaux Electeurs de l'Empire, & contre fa magnanimité fi connue,
en fe plaçant d'une manière injufte, &
violente fur le Trône Impérial, & de
s'en être emparé. Il accufe tout le Collège Electoral, d'avoir oublié le nom
d'Allemands, leur charge, leur honneur,
leur dignité, & leur force; de s'être laiffé
contraindre, & d'avoir entrepris une
Election forcée. Il accufe tout l'Empire
d'avoir rendu à un ufurpateur de Trône,
l'affection, le refpect, & les devoirs qui
ne font dûs qu'au Chef fuprême qui eft
le-

cence du fuffrage Royal & Electoral de Bohème, dans l'affaire de l'E-
lection, doit être regardé comme contraire à la conftitution de l'Empire, comme nul & invalide, & fi avec Sa Majefté la Reine, les Seigneurs
Co-Electeurs impartiaux, tout le louable Collège des Princes, & celui
des Villes, font en droit du moins d'en former un grief commun de
l'Empire, tout cela doit à plus forte raifon avoir lieu dans les conjonctures préfentes (87). Outre qu'on voudroit ne pas appeller Sa Majefté la Reine de Bohème, aux Déliberations de l'Empire, que l'on voudroit entreprendre à Francfort, felon des vûes Etrangéres (88); Il fe
decouvre encore, tant dans la conduite préfente, que dans ce qui a
precedé, un grand nombre d'autres *illegalitez*, & de nullitez que la
poftcrité aura peine à croire (89). La capitulation d'Election que de
l'autre côté on a tenu pour valable, & qu'on a promis avec ferment
d'obferver, a commencé d'abord par être enfreinte dans un paffage des
plus importans, & qui avoit été regardé par les Ennemis mêmes de la
Reine, comme un moyen immancable de calmer tous les Co-Etats de
l'Em-

legitime. Il accufe tous les Allemands
bien intentionnez pour la patrie, d'agir
contre la plus fainte loi fondamentale,
lorfqu'ils temoignent leur fidélité, leur
obeiffance, & leur refpect à Sa Majefté
Impériale; parce que, felon une opinion
non-feulement deteftable, mais même
maudite felon toutes les Loix divines &
humaines, ils fe foumettent à un Empire intrus. Il feroit bien aifé de repondre à de femblables impoftures, qui fe refutent d'elles-mêmes, & dont tout le
monde fait la fauffeté: Les Loix de l'Empire préfcrivent d'autres moyens pour
cela, & on ne fauroit croire que de fi
horribles Calomnies, de fi grands attentats contre la Majefté, puiffent être faits
de la connoiffance d'une Princeffe fi proche parente de Sa Majefté Impériale,
d'une Dame d'une naiffance fi fublime,
& dont tout l'univers vante les grandes
qualitez perfonnelles, le Chriftianifme,
la pénétration, & les fentimens vertueux.
Car enfin, il ne fe trouve rien de pareil
chez les Barbares: Les ames nobles hono-
rent la vertu jufques dans leurs ennemis;
& il n'y a ni guerre, ni inimitié, ni hai-
ne, ni autre confidération, qui puiffe,
ou doive faire ceffer le refpect qu'un
Souverain doit à l'autre, & à Sa Majefté
que Dieu même a rendu facrée.

(87) Ce n'eft encore qu'une repetition
des fauffetez, & des calomnies précédentes: éxcepté, que l'on voudroit bien
brouiller entre eux les trois hauts & illu-
ftres Collèges de l'Empire, & les irriter
contre leur Chef commun, fous le prétex-

te imaginaire d'un grief commun à tout
l'Empire: Car les Miniftres de la Cour
de Vienne trouvent leur convenance particuliére à brouiller toutes les Cours de
l'Allemagne, comme ils ont, par le paffé,
engagé tout l'Empire dans leurs querelles, pour le facrifier enfuite à leurs interêts. C'eft ce que cherche particulièrement tant par fes écrits, que par fes
confeils, cet Auteur Brouillon. Que lui im-
porte que tout foit bouleverfé dans l'Empire, pourvû que fa plume éffrenée
puiffe fe donner carrière contre les Couronnes & les Majeftez?

(88) Comment eft-il poffible qu'on ôfe
écrire un Menfonge fi groffier; favoir, que
Madame la Grande Ducheffe n'a point été
invitée aux Déliberations de l'Empire à
Francfort; pendant qu'on eft forcé d'a-
vouer qu'il a été expédié pour cela un
Ecrit de Sa Majefté Impériale? Si on
oppofe que, quand on a compofé ce libelle diffamatoire, on n'en favoit encore
rien, & qu'on ne l'avoit pas encore entre les mains. Soit: mais qu'aura-t-il à
repondre, fi on demande pourquoi ce
prétendu acte de proteftation, que l'on
n'a ôfé porter à la dictature que bien
des mois après, n'a point été changé auparavant, & pourquoi on n'en a point
retranché tant de menfonges manifeftes,
qui fe détruifent l'un l'autre? Ce doit ê-
tre par la raifon que, fi on eût voulu ôter
de cet écrit tout ce qu'il y avoit de faux,
on l'auroit reduit à rien.

(89) Ou plutôt la fuite de cet Ecrit
fait voir en grand nombre, des fauffetez

I 2
que

l'Empire. Ceci ne regarde point les vûës Françoises, ni la pluralité du Collège Electoral, c'est-à-dire, un jugement rendu par des Ennemis déclarez, mais NB. le consentement préalable des Electeurs, des Princes, & des Etats est indispensablement requis pour qu'un Etat, qui a la libre séance & le suffrage, en puisse être exclus ou suspendu, quand ce ne seroit que provisionnellement (90). Un Empereur legitimement élu ne peut en aucune façon en priver le moindre Etat de l'Empire. Encore moins est-il en droit d'engager l'Empire dans une guerre (91), pour ses intérêts particuliers. Cela étant quel grand péril ne courroient pas la liberté commune des Etats de l'Empire, le salut & le bonheur de leur Patrie, si on s'écartoit de cette loi fondamentale, sur tout sous un Chef, qui dépend du secours, de l'assistance & de l'apui, & par conséquent de la direction & du bon plaisir d'une Couronne Etrangère (92). Il faut néanmoins que la direction & le bon plaisir dont on a parlé, à l'égard de Sa Majesté la Reine, repare le manque du consentement préalable de tous les Electeurs, Princes. & Etats, regardé peu auparavant comme indispensable & confirmé par serment. Pour faire une si horrible injustice, on ne s y est pas porté pour une seule fois, mais on s'est conduit selon qu il étoit prescrit de Versailles & suggeré à Francfort, par les Ministres François (93). Peu après le decès de feu, reposant en Dieu, le bien heureux Empereur dernier mort la plûpart des Electeurs, Princes & Etats de l Empire

sur

R E M A R Q U E S.

que la Postérité aura peine à croire; les calomnies, les Déclarations contraires aux loix, & les attentats punissables de l'Ecrivain.

(90) A l'égard de ce qu'on avance ici des vûës Françoises, ce n'est qu'une calomnie à laquelle on a déjà répondu. Ce qu'on cite de la Capitulation d'Election, est fort juste en soi-même; Mais que le Reglement qui y est exprimé, ait été d'effet enfreint, & que de plus Sa Majesté Impériale soit en rien contrevenue à ce qu'Elle a juré dans sa Capitulation; C'est une horrible imposture; c'est un outrage fait à Sa Majesté: Aussi on le retracte dans l'Annexe, Et on y reconnoît que Sa Majesté Impériale, comme Empereur, n'a ni exclus, ni suspendu, pas même *provisoriè*, Madame la Grande Duchesse.

(91) Que l'Allemagne seroit heureuse, si depuis deux Siécles cela avoit été aussi religieusement observé, qu'il l'a été par Sa Majesté Impériale! Elle n'a pas fait un seul pas qui puisse en aucune façon être expliqué, comme si Elle eût songé à engager l'Empire en une guerre pour les demelez de sa Maison. Bien plus. Elle fait voir ses dispositions pacifiques, en demandant la Médiation, & en remettant entre les mains de l'Empire les intérêts de sa Maison.

(92) Quand on allégue seulement des impostures si outrageantes contre Sa Majesté (savoir que, parce que Sa Majesté Impériale, en tant qu'Electeur de Bavière, s'est servie des secours de la Couronne de France, Elle dépend entièrement de la direction, & du bon plaisir de cette Couronne) elles se détruisent d'elles-mêmes; & toute la honte en retombe uniquement sur l'Ecrivain, avec le châtiment qu'il mérite selon les loix. Quand autrefois les Ministres Impériaux se laissoient gouverner par les Ambassadeurs d'Espagne, d'une manière généralement connue, si le Ministre d'un Etat de l'Empire eût eu la hardiesse d'écrire quelque chose de pareil, & ce qui plus est, de le porter à la Dictature de l'Empire, n'auroit-on pas jetté feu & flamme à Vienne, quoiqu'alors il eût peut-être pu le prouver, si-non en tout, du moins dans la plus grande partie?

(93) Comme l'Auteur n'avoit sans doute aucune entrée au cabinet, ni à Versailles, ni à Francfort, lorsque ces dictées se faisoient, ou s'exécutoient; il faut nécessairement qu'il les ait trouvées dans le creux de son cerveau, ou qu'il en ait

été

fur le modèle de l'année 1711. concerterent entre eux de quelle manière durant l'interregne la Diéte fe tiendroit, à Ratisbonne (94). Dans la prétendue Propofition Impériale delivrée par écrit aux Electeurs, par la Dictature à Francfort, le 9. Mars de cette année, on fit mention expreffe *d'un prompt rétabliffement*, ou bien plutôt d'une continuation de la Diéte; comme auffi que le lieu de la Diéte continueroit d'être à Ratisbonne, & que fans le préjudice de perfonne, il feroit auffi alors pour quelque tems transferé dans la Ville Impériale de Francfort, & que les Ecritures feroient addreffées aux Envoyez & Députez, qui étoient encore affemblez à Ratisbonne. Loin de-là, les Lettres Circulaires ont été expediées immediatement aux Principaux, aux Supérieurs & aux Committens, pour une raifon qu'il eft aifé de comprendre, afin d'éviter (95) entiérement la correfpondance de Sa Majefté la Reine, qui ne pouvoit prefque plus trouver lieu, & on y faifoit mention, non de continuer, mais de rétablir & de remettre en activité l'Affemblée générale de l'Empire (96). Si à préfent on pouvoit réüffir à mettre Sa Majefté la Reine, hors de l'exercice de fon fuffrage Royal & Electoral de Bohème, ne fût-ce que *proviforiè*, provifionnellement, rien ne feroit plus aifé que de faire éprouver le même fort à tout autre Etat de l'Empire, & cela fans le confentement préalable des Electeurs, des Princes & Etats. Puifque, pour l'effectuer, il n'y auroit qu'à lui refufer enfuite les titres qui lui conviennent (97); ce qui peut enco-

été pofitivement informé d'ailleurs. Mais puifqu'il ôfe mettre au jour de pareilles affertions & qu'il abufe du nom de Madame la Grande Ducheffe, & force les Miniftres de cette Princeffe de figner de tels menfonges, quoi qu'on ait d'Eux trop bonne opinion pour les croire capables d'inventer rien de femblable, il ne peut éviter d'être regardé comme un calomniateur public, jufqu'à ce qu'il en ait fourni les preuves.

(94) Que fait à l'affaire préfente un concert qui en partie a été contredit par tant d'autres, & en partie n'a point été fuivi, & qui n'a aucune liaifon avec ce dont il s'agit? A-t-on, de la part de la Cour de Vienne, en 1711. ftatué l'activité de la Diéte de l'Empire? L'auteur ne le perfuadera à perfonne, à moins que ce ne foit à quelcun auffi mal inftruit des affaires de la Diéte, que cet Impudent l'eft du refpect que le plus grand Miniftre même doit aux Puiffances, Ennemies de fon Souverain.

(95) On voit ici avec quelle facilité l'Auteur fe trompe dans fes conjectures, qui lui paroiffent fi convaincantes, qu'il les donne pour des véritez. Il croit avoir deviné la raifon pour laquelle on a fait expédier les Lettres Circulaires. C'eft, fe-

lon lui, pour éviter entiérement avec Madame la Grande Ducheffe, une correfpondance qui ne pouvoit prefque plus trouver de lieu. A préfent le voila obligé de convenir lui-même plus bas, qu'il a donc été écrit à Madame la Grande Ducheffe. Ainfi on voit combien il s'eft lui-même abufé & qu'il eft dans l'habitude de fonder les plus fcandaleufes calomnies fur les Egaremens de fon cerveau.

(96) Ce qui eft retabli & remis en activité, doit y avoir été auparavant. Donc ce retabliffement eft la continuation d'une chofe qui a exifté. Ainfi il n'y aura perfonne autre que l'Auteur de cet Ecrit, qui cherche quelque chofe de fingulier ou quelque grand myftere en cela. Mais qu'après un interregne il foit néceffaire de retablir la Diéte, & de lui rendre fon activité; c'eft ce qui ne fauroit être nié, fuivant les propres principes de la Cour de Vienne, qui l'a ainfi déclaré à chaque interregne.

(97) On devroit bien favoir à Vienne que l'ufage de Peuple à Peuple eft que, quand deux Souverains font en guerre pour leurs prétenfions fur un pays, ils ne fe donnent point les titres des pays qu'ils fe conteftent l'un à l'autre. Ainfi on ne doit pas prétendre que Sa Majefté Impériale, tan-

encore plutôt arriver à l'égard des autres qu'à l'égard de Sa Majesté la Reine, puisque chacun d'eux n'a pas comme elle une Garantie particulière & formelle de l'Empire en sa faveur (98). Outre cela il est connu que lorsqu'en 1708. l'Introduction de l'Electeur de Brunswig, & la Réadmission de l'Electeur de Bohème furent réalisées par une résolution de l'Empire solemnellement ratifiée par Sa Majesté Impériale, qui régnoit alors, on eut grand soin dans cette Resolution de l'Empire, de mettre une différence remarquable. Tout l'Empire borna bien expressément l'Introduction de celui-ci à la branche masculine, mais elle n'y borna point la Readmission quoi qu'alors l'extinction de la Branche masculine d'Autriche fût déjà très prochaine; pour ne pas dire que l'objection imaginée dans l'affaire de l'Election par rapport au sexe de Sa Majesté la Reine, quoique nulle en soi & non recevable, comme on l'avoit fait voir auparavant & de la manière qu'il a été en partie rapporté ci-dessus, ne peut avoir lieu dans les autres Déliberations de l'Empire, en vertu de ce qui s'est notoirement observé; & de plus on ne peut y appliquer la prétendue Quiescence extorquée par une sentence injuste des Ennemis de Sa Majesté la Reine, contre le reglement bien clair de la Bulle d'Or (99). Ainsi il resulte de tout cela une conclusion inevitable, savoir que tout ce qui pourroit se traiter ou statuer à Francfort, sur les affaires de l'Empire, sans le concours & même en quelque façon à l'exclusion de la Reine, doit être regardé comme illegitime, non valable, nul, & mis à néant (100); Que de l'omission, ou prétendue exclu-

dis que d'un côté Elle fait la guerre pour se ressaisir du Royaume de Bohème, & autres pays dont l'héritage Lui est échu, puisse en même tems en accorder les titres à un autre, & qu'Elle le reconnoisse pour un possesseur légitime, en quoi ce seroit agir contre soi-même. Ne pourroit-on pas demander aussi, si la Cour de Vienne n'est pas encore moins en droit de chicaner le titre Impérial, auquel elle n'a eu aucune prétension? & d'où pourroit lui venir le droit de pouvoir tout exiger d'un côté, & tout refuser de l'autre? Il est vrai que l'habitude a mis, jusqu'à-présent, les choses sur ce pied-là; & si elle fait un droit en pareil cas, la these est juste: mais hors de-là, elle est insoutenable; Il demeurera toujours constant que la Diète à Francfort est, & continue d'être une vraye & légitime Diète de l'Empire, quoi-qu'on en puisse dire à Vienne; Et que si on ne vouloit pas agir avec toute la patience, qui est si naturelle à l'Empereur, Sa Majesté Impériale, vû le refus qu'on y fait d'une manière inconnue dans l'Empire, de La reconnoître pour Empereur, n'auroit aucun tort, si Elle y en faisoit expédier une Information. Elle auroit le plus grand droit du monde, & Elle l'a

bien encore, de se servir de cette Assemblée de l'Empire, pour contraindre cette Cour à Le reconnoître & respecter, comme elle le doit: Elle en a trop fait, en la traitant avec tant de douceur; & en voulant bien, par la participation qu'Elle lui a fait donner de la translation qu'on a trouvé bon de faire de la Diéte, lui permettre d'y concourir, sauf les Droits de Sa Maison.

(98) Quand on veut bien se contenter de ce qui est juste & raisonnable, le Systéme de l'Empire, & ses loix, sont la plus sûre garantie qu'un Etat de l'Empire puisse avoir de ses légitimes Droits.

(99) Tout ce long détail est inutile parce que dans l'Annexe ci-dessous, il sera forcé de convenir que Sa Majesté l'Empereur n'a point voulu exclure la Grande Duchesse de la Diéte, mais qu'Elle l'y a même réellement appellée par écrit, en reservant les Droits de Sa Maison.

(100) Quand il seroit vrai que l'on auroit obmis d'inviter par écrit Madame la Grande Duchesse, ce qui n'est pas, on ne pourroit pas pour cela en conclure, que par cette raison tout ce qui se traitera ou résoudra dans l'Assemblée de l'Empire, doit être

regar-

clufion de Sa Majefté, il refulte au grief commun de l'Empire; que tous les Electeurs impartiaux, tout le louable Collège des Princes comme aufli celui des Villes de l'Empire, fur tout ont un droit manifefte, & des raifons très preffantes (101), d'infifter fur le redreffement préalable de ce grief, qui eft contraire à la Capitulation qui du côté de la partie adverfe a été jurée, & qui intereffe infiniment la fûreté & la liberté; comme Sa Majefté la Reine a voulu inftamment requerir l'équité des Etats fur tous ces points & fur chacun en particulier Sa Majefté eft fi éloignée de renoncer au droit de féance & de fuffrage de la Couronne & Electorat de Bohême, qui lui appartient, qu'au contraire elle employera toutes fes forces pour le maintenir, & qu'elle a voulu protefter par les préfentes de fon droit incontefable de la manière la plus folemnelle, & la plus forte & à perpétuité (102), elle eft très difpofée à entrer moyennant les referves jufqu'ici alleguées en toutes les Délibérations qui pourront tendre au foulagement, au repos à la profpérité & à l'accroiffement de l'Empire qui ont été fort endommagés par la force tant du dehors que du dedans; & elle offre fincerement de concourir de fa part à l'accompliffement d'un but fi falutaire, par tous les moyens humains (103).   La raifon pour laquelle du côté de la France, & des autres Ennemis de la Reine, on a fi bien pris à tache d'en exclure par la violence Sa Majefté, en violant les conftitutions de l'Empire, les Droits divins & humains, n'eft autre fi non d'obtenir plus commodement que le fang & l'argent de l'Allemagne

fuffent

R E M A R Q U E S.

regardé comme illegitime, non valable, nul & mis à néant. Car enfin, Madame la Grande Ducheffe ne peut pas prétendre avoir plus de droit qu'un autre Etat de l'Empire. Il faut donc qu'elle ou fes Miniftres, fe mettent bien dans l'efprit, que ce qui eft un droit à leur égard, l'eft auffi à l'égard des autres Etats; que par conféquent, ils doivent tenir pour vraye cette regle: Que, quand le fuffrage d'un Etat effectif de l'Empire n'eft point appellé à la Diete ou qu'il eft empêché d'y avoir lieu, tout ce qui fe fait de la part de la Diéte eft illégitime, nul, & invalide: Or les fuffrages de Juliers, de Cleves & de Berg, font demeurez fufpendus à caufe des differens qui étoient entre les intereffez. Il y a cent ans que leur activité eft interrompuë; Il faut donc, de deux chofes l'une; Ou, que tout ce qui eft arrivé durant cette fufpenfion, y comprife la prétendue garantie de la fucceffion Autrichienne, quand d'ailleurs il n'y auroit aucune importante oppofition, eft déjà & par foi-même illégitime, non valable, nul, & mis à néant; Ou, que celui qui à ce fujet attaque dans fes Ecrits avec tant d'éfronterie les loix & la Diéte de l'Empire, le fait d'une manière illégi-

time, invalide, nulle, mife à néant, & de la manière la plus outrageufe pour l'Empire, & par conféquent, très digne de chatiment.

(101) Si Sa Majefté Impériale n'avoit pas eu une patience exceffive, Elle auroit pu commencer par-là les Délibérations de la Diéte, & propofer pour prémier objet des Délibérations, les exceffifs égaremens de la Cour de Vienne, contre Sa Majefté Impériale en qualité d'Empereur; le refus déraifonnable que cette Cour fait de reconnoître fon Election légitime; & les outrages faits, & qui rejailliffent fur l'Empire.   Car tout cela eft directement contraire aux loix de l'Empire, & non pas le faux & prétendu grief commun imaginaire, inventé pour divifer le Chef d'avec les Membres, ce qui, s'il plaît à Dieu n'arrivera point.

(102) Ce n'eft point-là un Acte de Proteftation, c'eft un libelle diffamatoire, un Ecrit plein de fauffetez, une Déclaration de nullitez imaginées, contre l'Empereur, contre la Diéte, & contre tout ce qui s'eft fait de plus légitime & de plus faint dans l'Empire.

(103) Il feroit à fouhaiter que les effets s'accordaffent avec les paroles, bien

K 2

enten-

fussent employez, à favoriser les vûës & les mesures de la France (104).
Mais tout cela fournit précisement un avertissement prudent à tous les É-
tats bien-intentionnez pour la Patrie, de se tenir d'autant plus en garde (105), contre le piége qui leur est tendu, & contre les suites extraordi-
nairement ruineuses qui resultent contre leur propre liberté de tout ce qui
se fait contre Sa Maj. la Reine. Elle ne veut retenir à personne la moindre
chose (106). Elle soutient la liberté commune & sa Succession paternelle qui lui a été garantie par tout l'Empire, ainsi il ne tient qu'à Son
Altesse Electorale de Bavière de mettre ces deux objets en sureté &
de procurer par là à la Patrie & à soi-même le repos & l'affranchisse-
ment du joug Etranger (107). Et même aussi pour ce qui regarde les
archives de l'Empire, elle déclare qu'Elle se comportera expressement
selon le mémoire imprimé, de même que selon sa teneur aussi favora-
blement qu'on pourra le souhaiter & le demander (108). Et comme
Sa Majesté la Reine, en tout ceci en fait plus que ce qui est suffisant,
ainsi je me trouve chargé expressement par ses ordres de renouveller
de la manière la plus solemnelle les protestations ci-dessus, & de re-
quérir de la manière qui convient, comme je fais actuellement le Directoire de l'Electeur de Mayence, non-seulement de mettre le présent
acte de Protestation entre les actes de l'Empire, écrit & signé de ma
propre main, mais encor de le communiquer par la dictature au plutôt possible, à tous les Electeurs, Princes & Etats, comme il est indispensablement porté au 8. §. du XIII. Article de la Capitulation reconnue de la Partie adverse (109). *Ulteriora reservando.*

R E M A R Q U E S.

entendu pourtant que l'on commenceroit
par reconnoître l'Empereur & la Diéte.

(104) On n'a point pris à tâche d'exclure Madame la Grande Duchesse de la
Diéte, ni on ne connoit personne qui ait
dessein d'engager l'Empire dans une
guerre, si ce n'est la Cour de Vienne, qui
verroit avec plaisir que l'Allemagne en-
trât en guerre contre la France.

(105) Une pure Déclamation, où il
n'y a ni vérité, ni bon sens, ne merite aucune reponse.

(106) Pourquoi donc retient-elle à
l'Empereur ce qui est à l'Empereur? Pourquoi refuse-t-elle de le reconnoître pour
legitime? Pourquoi ne rend-elle pas à
l'Empire ce qui lui est dû? C'est-à-dire,
pourquoi soutient-elle que ses conclusions
sont invalides, nulles & sans force? Et
pourquoi au-contraire ne convient-elle
pas plutôt qu'elles sont légitimes & vala-
bles?

(107) Le joug étranger que l'on re-
proche, est un fantôme malicieusement
imaginé, pour épouventer les sots; & la

Cour de Vienne peut elle-même bien
penser toute la première, si on ne seroit
pas en droit de dire d'elle à plus juste
droit la même chose. Si elle a une since-
re envie de faire la paix, pourquoi a-t-elle
si fièrement rejetté le plus sûr, ou plutôt
l'unique moyen d'y parvenir, savoir, la
mediation, & même les offres amiables
qu'on lui a faites tant de fois?

(108) Comme cette affaire n'est point
du sujet dont il s'agit, on ne veut point
s'y arrêter; mais il seroit très facile de
marquer les écarts & les injustes demons-
trations de la Cour de Vienne à cet
égard.

(109) D'abord que ce n'est point une
Protestation d'un Etat de l'Empire, mais
une protestation de Nullité dressée contre l'Empereur & la Diéte, & qui plus
est, remplie d'une infinité de faussetez, de
calomnies & d'outrages contre Sa Majesté, & un Libelle diffamatoire, où l'on se
joue de toute la Nation Allemande, l'Electeur de Mayence n'a pas été en droit de recevoir ces demandes comme convenables.

ANEXE

ANNEXE AUX

ACTES DE PROTESTATION.

LES Actes de la Protestation pour l'Archiduché d'Autriche & le Duché de Bourgogne, nous avoient été envoyez de notre Cour (110) avant qu'elle eut réçu notre relation de ce qui s'étoit passé le 10. de ce mois, au sujet d'un Ecrit remis à moi Baron de Plettenberg avec la suscription protestée, & consigné par Zunner Chanceliste de l'Electeur de Bavière, au nom du Baron de Francken Envoyé de cet Electeur.

Par la Copie de cet Ecrit qui y étoit jointe, on pouvoit voir que le tout n'étoit qu'une simple Relation au sujet de la prétendue translation de la Diéte à Francfort, sans exprimer la qualité en laquelle cette relation étoit donnée à notre très Gracieuse Reine, Archiduchesse & Dame. Il y avoit pourtant avec cela une Appendice, où il étoit réservé que cette demarche ne porteroit aucun préjudice aux prétendus Droits de Electeur de Bavière.

Comme les Actes de Protestation qui nous ont été déjà ci-devant envoyez (111), & plusieurs autres déclarations faites solemnellement ci-devant au nom de Sa Majesté la Reine, le prouvent clairement & nettement, que cela ne porte point principalement sur le resultat de l'Election, mais sur la manière (112), dont elle s'est faite à l'exclusion de Sa Majesté, & contre la première Loi fondamentale de l'Empire.

Quel Electeur dans l'Empire se laisseroit ainsi enlever sa voix, ou reconnoîtroit son Ennemi pour son Juge? Ce qu'aucun Etat de l'Empire ne feroit d'humeur de souffrir, Sa Majesté la Reine ne peut y être contrainte selon les principes fondamentaux du Droit naturel, ni selon l'équité. Telle est l'Election Impériale (113) faite directement contre la disposition de la Bulle d'or, selon le plan très-apparent que la France, & l'Electeur de Bavière avoient cru former

tant

(110) Comme dans cet écrit & dans le suivant on repéte quantité d'accusations, de calomnies, & de mensonges, selon la coutume de l'Auteur, on avertit une fois pour toutes, qu'on ne s'arrêtera point, à celles qui ont déjà été refutées, & qu'on ne répondra qu'aux nouvelles fictions qu'il avance.

(111) On voit ici parfaitement qu'on ne s'est point trompé, quand on a reconnu la boutique d'où ces écrits calomnieux anterieurs sont sortis, & cela justifie les Ministres qui ont été obligez d'y mettre leurs noms.

(112) Il n'y a rien moins que cela. Si cela étoit, on n'auroit pas refusé de la part de la Cour de Vienne de reconnoître Sa Majesté Impériale, & sa haute Dignité, qui est le resultat de l'Election. Encore moins l'auroit-on attaqué par des criminations outrageuses à la Majesté, mais on se feroit soumis à ce resultat: & à l'égard de la manière, si on eut cru, quoique sans sujet, qu'il y eût eu quelque lesion, on l'auroit représenté pour réserver les droits, & on auroit cherché à y apporter remede selon les loix de l'Empire.

(113) Ce ne sont ici que des Calomnies, & des Imaginations fausses en elles-mêmes.

tant dans l'Empire, que dehors, contre Sa Majefté la Reine. Pour ce qui eft de ceque Son Alteffe Electorale de Bavière appelle l'invafion de fes propres Etats; il n'y a du côté des François, & des Bavarois, qu'à s'abftenir de faire des irruptions dans les Royaumes & Etats Héréditaires de Sa Majefté la Reine, qui lui ont été garantis par tout l'Empire, par les principales Puiffances de l'Europe, & par la France elle-même de la manière la plus folemnelle & la plus forte (114). Il n'y a qu'à affurer fon fuffrage Royal & Electoral de Bohème, la Conftitution fondamentale de l'Empire, & la Liberté générale de l'Europe, on trouvera Sa Majefté très-difpofée à tout ce qui peut contribuer au retabliffement de la tranquilité interieure dans l'Empire (115). Comme donc fous les plus folemnelles Proteftations de ne point fe rélacher le moins du monde par là de fon droit d'oppofition au fujet de l'Exclufion mentionnée, elle eft entiérement difpofée, & elle le fera toujours en qualité de Reine de Bohème, d'Archiducheffe d'Autriche & de Ducheffe de Bourgogne, à concourir à toutes les Déliberations qui tendront au véritable bonheur de l'Empire, & qui feront entiérement affranchies de l'oppreffion tant du dehors que du dedans. Mais ce n'eft guères là le fentiment des François, & de l'Electeur de Bavière, la chofe ne parle que trop d'elle-même (116); outre que Sa Majefté la Reine, ne peut recevoir aucun Ecrit avec la fufcription dont on a parlé (117), on ne m'en a remis qu'un feul entre les mains, à moi Baron de Plettenberg (118), & par conféquent on voudroit dans la fuite mettre de cette façon à-côté le fuffrage Royal & Electoral de Bohème, & en ufer de même pour le fuffrage de Bourgogne; & il eft notoire que je ne fuis chargé de l'un, ni de l'autre, & qu'à l'égard du dernier la prétendue referve de la nulle prétenfion de l'Electeur de Bavière, n'eft aucunement applicable. Ainfi cela fortifie de-nouveau tout le contenu des Actes de Proteftation qui nous ont été ci-devant envoyez de notre Cour (119). Nous avons ordre de les faire fuivre de

cette

R E M A R Q U E S.

(114) Ces prétendues irruptions des François, & des Bavarois dans les Païs Autrichiens, ont ceffé il y a long-tems. A-t-on ceffé pour cela, comme on le promet ici, l'invafion des Païs Patrimoniaux de Sa Majefté, fur lefquels on n'a aucune prétenfion? Mais quel rapport tout ce babil fur une guerre particulière, a-t-il avec l'Election de l'Empereur, & la legitimité de la Diéte?

(115) Le contraire a paru d'une manière bien palpable, quand on a rejetté avec une extrème fierté toutes les propofitions de paix, & rétranché même l'unique moyen, à favoir la Mediation.

(116) Caquet fuperflu qui ne merite aucune réponfe.

(117) On ne fauroit non-plus exiger que Sa Majefté Impériale abandonne pa-

reillement fes droits en abandonnant les titres; cependant Elle s'eft montrée à l'excès difpofée envers Madame la Grande Ducheffe en cette occafion, à accorder tout ce qu'on a pu defirer de Sa Majefté Impériale en qualité d'Empereur, & tout ce qu'ont pu confeiller divers Miniftres qui n'étoient nullement contraires aux interêts de la Cour de Vienne.

(118) Dès qu'on n'expédie qu'un feul écrit à chaque Etat de l'Empire, quand même il eft en poffeffion de plufieurs fuffrages, on n'a pu à cet égard en ufer autrement. Il fuffit qu'on ait invité Madame la Grande Ducheffe; & qu'on ne l'ait pas exclufe, comme on en jette les hauts cris dans l'écrit précédent.

(119) C'eft juftement le contraire; car il s'agit à préfent d'une fimple difpute

fur

cette courte Annexe, afin d'expofer d'autant plus clairement à l'Empire, & à toute l'Europe, quels font les fentimens de Sa Majefté la Reine notre très-gracieufe Dame, fur tous les objets dont il eft queftion; fentimens très moderez, très pacifiques, & dirigez avec le plus grand zèle pour le bonheur de la patrie.

Pour laquelle fin le très louable Directoire de l'Electeur de Mayence eft par nous convenablement requis de mettre encore cette Annexe entre les Actes de l'Empire, & de la porter à la Dictature. *Ulteriora rurfus refervando.*

R E M A R Q U E S.

fur les titres, pour laquelle il eft impoffible que l'affemblée de l'Empire dégenere jufqu'au point, d'être une Diéte nulle & fans force.

ANNEXE ULTERIEURE

O U

NOUVELLE PROTESTATION.

COMME au moyen du premier Ecrit Annexé aux Actes de Proteftation envoyez le 16. Avril de cette année à l'Ambaffade Autrichienne à Ratisbonne, on a eu foin de tout ce qui eft venu jufqu'au 20. du même mois à la connoiffance de la Cour de Vienne, pour autant qu'il concerne le principal objet des Proteftations, (120), celui-ci eft d'autant plus effentiel par rapport à ce qui s'en eft enfuivi, que l'on voudroit ôter à Sa Majefté la Reine de Hongrie & de Bohème, tous les autres moyens de communiquer aux Electeurs, Princes & Etats bien intentionez pour la patrie Allemande, fes griefs qui font fi étroitement liez à la fureté qui lui eft commune avec les Etats de l'Empire, à la Liberté des Déliberations de l'Empire, & à fa conftitution fondamentale. Lorfque ces Actes de Proteftation font parvenus à la fufdite Ambaffade, on a trouvé bon d'abord, & avant l'ouverture de l'Affemblée qui devoit aller à Francfort (121), d'en faire faire l'intimation au Miniftre Directorial de l'Electeur de Mayence, lequel Miniftre fe trouvoit alors à Ratisbonne, c'eft-à-dire au lieu ordinaire de la Diéte, par deux Sécretaires d'Ambaffade, l'un qualifié pour le Royaume de Bohème, & l'autre pour l'Archiduché d'Autriche & le Duché de Bourgogne, de quoi le premier fe trouvoit nommément chargé par un refcrit figné de la propre main de Sa Majefté la Reine de Hongrie &c.

Les

R E M A R Q U E S.

(120) Ou plutôt, pour debiter un amas de détails imaginaires & fans fondement & de relations falfifiées, & pour tâcher s'il étoit poffible, à force de calomnies, d'impofture, & d'outrages faits à la Majefté, d'animer les Etats de l'Empire contre Sa Majefté Impériale.

(121) Elle y étoit déjà toute rendue, & la Diéte de Ratisbonne n'avoit point été remife en activité depuis la mort de Charles VI. Ainfi on ne pouvoit rien y porter legitimement.

L. 2   (122)

Les paragraphes 6, 7, & 8. du XIII. Article de la Capitulation déclarée valide & folemnellement jurée par la partie adverfe, portent expreffement : Qu'on ne mettra aucun empêchement à ce que les griefs des Etats qui ont des plaintes à faire, quand même ces plaintes concerneroient les propres NB. Confeillers tant de la Maifon, que de l'Empire, de la Cour, & autres Confcils, & les Memoires préfentez fur pareilles affaires ne foient portez par le Directoire à la Dictature, & communiquez aux Etats par cette voye ; pourvu que d'ailleurs il n'y ait point d'expreffions dures & indecentes, furquoi s'il y avoit quelque doute, le Directoire en communiquera & déliberera préalablement avec le Collège Electoral & enfuite il fera ftatué ce qu'il appartiendra : Qu'on ne portera point d'empêchement aux Directoires, en ce qui eft de leur office Directorial, en aucune manière, qu'eux-mêmes n'en feront aucun ; qu'au contraire on tiendra la main particulièrement à ce que les griefs, & les demandes, que les Etats formeront au Congrès de l'Empire, lorfque la Dictature en aura été faite par le Directoire de l'Electeur de Mayence (laquelle Dictature ne doit être refufée ni differée NB. fous quelque prétexte que ce foit, mais accordée d'abord), feront mifes en propofition, & déliberation, dans deux mois au plus, ou même plutôt s'il y a du danger dans le délai (122). Quoi qu'on ait pourvû auffi clairement qu'il eft poffible, à ce que le Directoire de l'Electeur de Mayence, ne refufe, ni ne différe les griefs & les demandes des Etats fous aucun prétexte, mais qu'il les publie (123) ; Quoique de plus on ne foit pas certainement forti de la modération ordinaire dans la compofition de ces Actes de Proteftation ; & qu'il ne foit pas humainement poffible de fe plaindre plus moderément d'infultes fi inouies (124) ; & qu'il ait été ci-devant préfenté, & porté à la Dictature fans difficulté d'autres Ecrits pareils ; Quoique l'on puiffe d'autant moins apporter du délai à l'égard de ces Proteftations-ci, que le Miniftre Directorial de l'Electeur de Mayence, ne les avoit ni reçues ni vues, & quoiqu'enfin les deux Sécrétaires d'Ambaffade l'euffent affuré qu'il n'y avoit dans ces Actes rien d'indécent, ni la moindre chofe qui pût être defagréable à l'Empire, mais fimplement une referve innocente de fes propres droits, & une Explication touchant l'extradition & le renvoy des Archives de l'Empire ; & que par conféquent ils contenoient de certaines chofes dont il importoit à la tranquilité & à la profperité commune, que l'Empire fût généralement

R E M A R Q U E S.

(122) Tout cela eft vrai ; mais quelle application en peut-on faire à ces Ecrits produits par quelcun qui veut être un Etat de l'Empire, & qui pourtant ne reconnoit ni l'Empereur, ni la Diéte ? qui au lieu de fe contenter d'une referve de fon droit, qu'il prétend être lézé, dreffe une Proteftation de nullité contre tout le Syftéme de l'Empire, & la remplit encore des Calomnies les plus groffieres ? Il n'y a qu'à lire pour fe convaincre fi ces Actes font dreffez avec le refpect convenable, & fans expreffions dures & indecentes?

(123) Tout cela eft écrit avec une extrême impudence ; & quand on avance de pareilles chofes, on fuppofe que tous ceux qui favent lire l'Allemand feront des imbeciles & des idiots.

(124) On défie l'Auteur de montrer un exemple unique d'écrits remplis de
pa-

ment informé au plutôt poffible (125); de fi importantes confidéra-
tions n'ont cependant rien produit, mais en cette occafion il eft arrivé
tout ce qu'on peut voir plus au long dans la relation *Num.* I.

Sa Majefté la Reine doit trouver bien étrange que la dépofition des
trois Actes de Proteftation, faite avec toute la moderation poffible, fur une
Table qui n'étoit pas éloignée, ait été interprétée comme une violence,
pendant qu'on voudroit faire paffer dans le monde pour des marques
de confidération, & de diftinction, l'infinuation faite de la manière la
plus indecente à fon Ambaffadeur, pour la Couronne & l'Electorat de Bohème à l'Affemblée de Election à Francfort, ou plutôt l'ob-
trufion qu'on a faite du *Conclufum* Electoral, nul de toute nullité, qui
excluoit de l'Election le fuffrage Royal & Electoral, le renvoi violent
des pleins-pouvoirs de Sa Majefté, qui avoient été reçus convenablement & gardez durant plufieurs mois; & même la commiffion donnée
à un Quartier-Meftre de notifier à l'Ambaffadeur de Sa Majefté qu'il
eût à quitter en vingt-quatre heures le logis qu'il occupoit (126).

Il n'eft pas concevable comment en pareille occafion on a pu parler d'un
meffager ou porteur de Lettres, pendant néanmoins que le devoir
manifefte de chaque Miniftre Directorial de l'Electeur de Mayence eft de
garder auprès de foi ces fortes d'Actes, qui font étroitement attachez à
fon office, de les porter avec foi, de les prendre en fa garde & d'en
faire tout ce qu'exigent la nature des affaires, & les fonctions de fa
charge. Du refte il eft évident par la relation fous le No. 1. que le Baron
d'Otten voulut excufer le refus de recevoir, en partie fur l'abfence de
l'Ambaffadeur Royal & Electoral de Bohème, & en partie auffi fur ce
que l'infinuation ne devoit pas fe faire à Ratisbonne, mais à Francfort,
où étoit felon lui le lieu de la Diéte. Mais la nullité de ces deux fub-
terfuges fe prouve par les principes fuivans.

1. Tout le monde fait qu'auffi-tôt après le decès de feu Sa Majefté
Impériale l'Empereur dernier decedé, tous les Miniftres & autres perfonnes, qui étoient à fon fervice, furent confirmez dans leurs Emplois,
& que par conféquent, on ne fit pas le moindre obftacle au Sécrétaire
d'Ambaffade pour le Royaume de Bohème; qu'il parut toujours avec
les autres Sécrétaires, mais qu'au-contraire il fut reconnu pour tel, par
le directoire de l'Empire de l'Electeur de Mayence (127).

2. Que fuivant l'ufage que l'on fait être pratiqué dans l'Empire, les
infinuations peuvent auffi le faire par des perfonnes non caracterifées,
& par des Agens (128).   3. Le

pareilles impoftures, calomnies, & infultes faites à la Majefté.

. (125) On voit d'un coup d'oeil par
quelles fauffes & futiles répréfentations,
on a cherché à tromper le Miniftre directorial de l'Electeur de Mayence.

(126) Ainfi on met un Sécrétaire,
& ceux dont on tient tout cela, parfaitement au niveau de tout ce qu'a fait,
ou ordonné, tout le Collège Electoral, &

on fe fuppofe en droit d'ufer de repréfail-
les, & de le traiter comme d'égal à
égal.

(127) Qu'eft-ce que cela fait à l'affaire?

(128) On foutient que cela n'eft pas,
lorfqu'il s'agit d'un écrit qu'un Ambaffadeur doit délivrer à la Diéte, car alors
felon l'ufage il doit être préfent au lieu
où eft la Diéte.

3. Le Sécrétaire d'Ambaſſade pour le Royaume & l'Electorat de Bohème étoit porteur d'un reſcrit ſigné de la propre main de Sa Majeſté la Reine de Hongrie & de Bohème, & il a offert outre cela de ſe legitimer pour l'inſinuation, & ainſi, de l'aveu du Miniſtre Directorial de l'Electeur de Mayence, cette première difficulté eſt levée: mais pour faire voir que cette difficulté n'a été qu'un ſimple échapatoire;

4. On peut le prouver ſans replique, en ce qu'il n'a pas voulu également recevoir les Proteſtations faites au nom de l'Archiduché d'Autriche & du Duché de Bourgogne, quoique cependant l'Ambaſſade de la part de l'Archiduché d'Autriche & du Duché de Bourgogne ſe fût long-tems auparavant legitimée, & ſe trouvât préſente à Augsbourg (129).

5. Ce refus s'eſt fait le 21. Avril, & la Diéte ne devoit commencer ſes Déliberations à Francfort, que le 27; & avant qu'elles commençaſſent, il importoit beaucoup non-ſeulement à Sa Majeſté la Reine, mais auſſi à l'Empire, & à tous les Etats, qui s'intereſſent à ſa liberté, à ſa ſureté, & à ſa conſtitution fondamentale, qu'on pût mettre à couvert les Droits des Etats de l'Empire, & en porter les reſerves à la dictature & à la connoiſſance de tout l'Empire.

6. Puis donc que ſuivant les principes mêmes de la Partie adverſe, en vertu de ce qui avoit été dicté à Francfort, le 9. de Mars dernier, la Diéte ne devoit s'ouvrir que le 27. d'Avril, ainſi on chercha d'abord à faire l'inſinuation ſuſmentionnée au dit Lieu avec d'autant plus d'apparence que, de la part de l'Electeur de Mayence, on ne chercheroit pas à l'eſquiver, qu'avant le dit jour, la Ville Impériale de Ratisbonne, étoit cenſée être le lieu de la Diéte, avec d'autant plus de fondement qu'elle étoit déclarée être le lieu ordinaire de l'Aſſemblée non-ſeulement par la réſolution préalable de l'Empire, mais même par les propres termes du *dictatum*.

7. L'inſinuation ſe fit donc le 21. Avril, & le 23. du même mois, où la dictature s'en devoit faire, le Collège Electoral avec le Directeur, & cinq ſuffrages, le Collège des Princes, & les deux Directoires & quantité de voix étoient encore à Ratisbonne, & il n'étoit pas poſſible que l'activité de ce lieu fût ſuſpendue, ni conformément au reſultat de l'entrevûe du 15. Novembre, ni conformément à la prétendue Confirmation Impériale; & ainſi la dictature ne s'eſt point faite ailleurs que là. Ou au-contraire l'affaire ne fut pas conduite autrement en 1713. & alors non-ſeulement la Dictature ſe pouvoit faire à Augsbourg, mais même elle le devoit; puiſque la Diéte y avoit été transferée.

8. Enfin il ne reſte plus aucun doute ſur les vûës cachées dans ces deux difficultez, & en même tems on en decouvre d'autant mieux les ſui-

R E M A R Q U E S.

(129) Il s'agit ici, auſſi peu que dans les remarques ſuivantes, de juſtifier les raiſons alléguées par le Miniſtre Directorial de Mayence. C'eſt aſſez que de demontrer que cet Ecrit n'eſt point une Proteſtation permiſe, mais que c'eſt un Libelle diffamatoire.

(130) A

fuites, en ce qu'en même tems que le Miniftre Directorial de l'Electeur de Mayence infiftoit pour que cette infinuation fe fit à Francfort,
du côté de l'Electeur de Baviere, on oppofoit avec violence des obfta-
cles infurmontables; pour exécuter ce qui s'eft fait & ce qui refte à faire on a employé des moyens jufqu'à préfent inouis dans l'Empire, non-
feulement contre toutes fes loix, tant anciennes, que nouvelles, mais
auffi contre le Droit des Gens en ufage parmi les Nations policées.
Comme on fe trouva mal de la trop grande moderation des deux Sécrétaires d'Ambaffade, qui avoient été envoyez & qu'on leur avoit
rendu les Actes de proteftation, l'Ambaffade Autrichienne à Ratisbonne eut commiffion, pour faire une fin, d'envoyer les deux Sécrétaires d'Ambaffade à Francfort, & on prit ce parti avec d'autant plus de
raifon, que l'on prevoyoit, ou que les Actes de proteftation dont on
a tant de fois fait mention feroient reçus, portez à la Dictature & mis entre les Actes de l'Empire, & qu'il feroit donné un certificat de leur infinuation, ou qu'en cas d'un plus long refus, la violation manifefte des
Droits inconteftables des Etats de l'Empire, n'en feroit que plus vifi-
ble. Comme alors à caufe des troubles de la guerre, & du peu de fureté des chemins les deux Sécrétaires d'Ambaffade, que l'on vouloit
envoyer, devoient fe précautionner contre tout danger, ils fongerent
l'un & l'autre à fe prémunir de la même manière dont fe fervent les
Miniftres & autres perfonnes qui veulent fe rendre à Francfort. Chacun fait que c'eft la coutume entre les Puiffances qui font en guerre
ouverte de ne point refufer aux perfonnes caracterifées des paffeports
felon les regles du Droit de la Nature, & des Gens. La Cour de
Vienne ne s'eft point écartée de cette regle, & même dans la préfente
guerre à l'égard de Mr. l'Ambaffadeur d'Efpagne, qui alloit en Suè-
de; elle a auffi fait donner avec une extrême complaifance des paffeports à Mr. de Pollman Envoyé de l'Electeur de Brandebourg, & à
plufieurs Cavaliers Bavarois, qui vouloient fe rendre au dit Francfort. On pouvoit donc d'autant moins s'attendre à un délai, que comme il eft dit dans la première Annexe, Monfieur le Baron de Francken, Envoyé de l'Electeur de Bavière par *interim*, avoit remis à Monfieur le Baron de Plettenberg, l'écrit quoique très informe de Notification,
qui, à ce qu'on fait, n'avoit été expédié dans aucune autre vûë, que pour
fauver les apparences, comme fi par les prétenfions invalides de l'Electeur de Bavière, les plus précieux Droits des Etats l'Empire étoient af-
foiblis (130), de la manière la plus fenfible, en la perfonne de la Reine de Hongrie & de Bohème, Archiducheffe d'Autriche & Ducheffe
de Bourgogne. Car quels feroient les fruits du reglement fi folemnel
du 3. Paragraphe de l'Article I. de la Capitulation de l'Election tenue pour
valable & promife avec ferment par la Partie adverfe, où il eft bien
clairement pourvû à ce qu'aucun Etat de l'Empire ne puiffe être fufpendu

R E M A R Q U E S.

(130) A quoi ce babil, ici & dans ce
qui fuit, aboutit-il? Voici à quoi tout fe
reduit. Son Excellence le Feld-Maréchal
Comte de Törring, comme il fe voit dans
l'addition particulière N. 3. & N. 4.
déclara qu'il vouloit dépecher un eftafet-
te à Sa Majefté Impériale, & fouhaita
qu'on lui donnât autant de tems qu'il en

M 2
fal-

pendu, ni exclus de fon droit de feance & de fuffrage dans les Collèges de l'Empire, ni provifionnellement, ni d'aucune autre façon, fi le Sérénifime Duc de Bavière étoit en droit de priver un tel Etat de la libre entrée aux Déliberations de l'Empire, de lui ôter tous les moyens de faire

falloit pour en recevoir les ordres. C'eft-là ce qu'on appelle ici violer le droit des gens & détruire de fond en comble les Droits des Etats, & autres exagerations déraifonnables, & ridicules. Mais pour faire des imputations fi infoutenables, la Cour de Vienne devroit commencer par démontrer que le Droit des gens ordonne qu'à tous, & à un chacun qui étant du parti ennemi démandent des paffeports, on doit les accorder indifféremment, & fans diftinction de perfonnes ; après quoi il lui reftera encore à examiner fi quand les paffeports s'expedient entre des Nations qui font en guerre, cela vient ou d'une convention paffée entre elles, ou de leur bonne volonté. Outre cela il faut qu'elle confidére que le Droit de la Nature eft la fource du Droit des Gens, & qu'ainfi il lui fournit la règle & la méfure. Or le premier établit pour Règle Capitale que la charité bien ordonnée commence par foi-même. Il n'éxige point que par complaifance pour autrui on fe faffe tort à foi-même, & par conféquent perfonne n'eft obligé d'accorder des paffeports dont il eft fûr qu'on ne fe fervira que pour apporter du préjudice aux Droits qu'il a. Or c'eft la circonftance où fe trouvoient Sa Majefté Impériale, & la Cour de Vienne, à l'égard l'une de l'autre, quand la chofe eft arrivée. Il eft certain qu'il importoit peu à Sa Majefté Impériale que ces deux Sécrétaires quant à leurs perfonnes, fuffent à Francfort, ou n'y fuffent pas, mais perfonne ne peut exiger qu'il fût indiférent à Sa Majefté de faire expedier des paffeports où on auroit reconnu dans ces perfonnes la qualité que leur donnoit la Cour de Vienne de fes Miniftres à la Diéte pour la Bohème & l'Autriche ; & reconnoître ces mêmes Sécrétaires d'Ambaffade comme tels, eft auffi cenfé, felon le ftyle du Droit des Gens, admettre auffi l'Ambaffade ; qui admet l'Ambaffade, en reconnoît auffi le maître. Comment a-t-on pu exiger de Sa Majefté Impériale quelque chofe de pareil ? Et comment veut-on nous donner comme une fuite du

Droit des Gens la demande irregulière des paffeports, qui ne tendoit qu'à ce but? Si la Cour de Vienne n'eft pas dans ce préjugé, qu'elle eft la feule qui foit fage, il faut qu'elle avoue que fa demande ne fauroit être regardée autrement ; & que fon plus grand chagrin dans cette affaire, c'eft que le but qu'elle avoit, ait été decouvert. Outre cela il eft fûr que fi elle a voulu mettre les noms fimplement fur les paffeports fans qualifier les emplois: perfonne n'en auroit été ébloui; car ni les dits Sécrétaires, en demandant de bouche les paffeports, n'oubliérent point de marquer qui ils étoient & pourquoi ils alloient à Francfort, afin d'y hâter un enregîtrement; ni la Cour de Vienne, n'auroit pas laiffé d'en faire ufage pour en tirer les avantages qu'on a marquez. De plus Mr. le Baron de Francken & Mr. le Feld-Maréchal Comte de Törring pouvoient bien foupçonner qu'on ne voudroit pas donner les pafferorts en des circonftances pareilles ; quoique d'ailleurs on en eût donné d'autres à des perfonnes indiférentes, d'auffi bon cœur que les Généraux de la Cour de Vienne. Le refte de cette longue Rapfodie, qui remplit cet écrit jufqu'à la fin, ne fera aucune impreffion fur un Lecteur qui fait quelque ufage de fa raifon. Ce feroit donc perdre le tems & le papier, que de vouloir y repondre de point en point comme on a fait jufqu'ici. Il vaut mieux, pour ne point entaffer les chofes confufément (comme la Cour de Vienne eft accoutumée de faire afin de deguifer ce qu'il y a de mauvais dans fon affaire) il vaut mieux, dis-je, donner au Lecteur une Information jufte, nette, & convaincante, en feparant tout ce qui eft étranger à l'affaire & qui ne fert qu'à détourner l'attention: On raffemble donc dans les points fuivants les raifons fondamentales qu'on a de ce côté-ci, en-vertu desquels ces Libelles diffamatoires ne peuvent demeurer avec les Actes de l'Empire ; & on fournit d'une manière convaincante, clairement & avec confiance, ce qu'il y a à confidérer dans cette affaire.

I. La

faire connoitre à l'Empire fes griefs, de refufer des paffeports à fes Miniftres & perfonnes accreditées, & qui felon le droit des gens doivent être à l'abri de toute violence, & même les menacer de ne pouvoir paffer furement.   On trouvera difficilement dans les Archives de l'Empire,

R E M A R Q U E S.

I. La Cour de Vienne ne reconnoît, ni l'Empereur, ni la Diéte. Elle traite même cette dernière de nulle, de prétendue Affemblée de l'Empire. Ainfi, on n'a pû recevoir d'elle, en qualité d'Etat de l'Empire, aucun Ecrit pour la dictature. Car c'eft une chofe inouïe dans l'Empire, qu'un Collège doive accepter & mettre parmi les Actes, un Ecrit, où l'on ne le reconnoît pas lui-même & où au contraire il eft qualifié illégitime ; & qu'un Etat reconnu pour être defobéïffant à l'Empereur, & à la Diéte foit traité fur le même pied que les Etats qui font dans les termes du devoir, & qu'il puiffe prétendre aux mêmes bienfaits que ceux-ci, lorfqu'ils portent leurs griefs à la Diéte.

II. Les Barons de Plettenberg & de Palm, ne fe font point legitimez à la Diéte comme il falloit. Ils n'ont point fait notifier comme ils devoient à aucun Ambaffadeur, la légitimation qu'ils étoient obligez de faire. Or, on fait que fans cette notification les legitimations ne fauroient être reconnues par les principaux Suffrages; ainfi, ils n'en font point regardez comme des Miniftres. Il ne ferviroit de rien d'objecter, qu'un Etranger qui n'eft point Etat de l'Empire, & même un fimple Particulier, peuvent repréfenter quelque chofe à l'Empire, en forme de Mémoire ; car au-moins, cet Etranger, ce Particulier doit néceffairement reconnoitre l'Empereur & l'Empire, & c'eft ce que ne font point les Miniftres Autrichiens.

III. La Capitulation citée Article XIII. §. 7. dit en termes formels, que fi les Mémoires ne fe trouvent pas conçus en termes refpectueux & fans des expreffions dures & indecentes, le Directoire de l'Empire en communiquera & délibérera préalablement avec le Collège Electoral.   Or, il eft clair que dans les Ecrits dont il s'agit on n'a point gardé le refpect convenable, & qu'au contraire on y trouve quantité d'expreffions dures & indecentes: outre que c'eft un principe certain, que s'il furvient quelque différent entre le Chef fuprême de l'Empire, & l'un ou l'autre Etat au fujet de quelque droit particulier de Maifon, ce dernier n'eft nullement en droit pour cela d'oublier le refpect & la veneration qu'un Co-Etat de l'Empire doit à l'Empereur qui eft Elû.

IV. La Capitulation d'Election, Article VI. §. 2, veut que, dans toutes les affaires qui regardent la fureté de l'Empire & l'Etat public, (on ne fauroit douter qu'une proteftation de Nullité contre l'Election de l'Empereur, ne foit de cette nature) l'Empereur lui-même, à plus forte raifon l'Electeur de Mayence, ait le confentement des Electeurs donné Collégialement, & qu'on ne doit point avoir égard à des Déclarations particulières données feparément.

V. Cette communication préalable avec le Collège Electoral a néanmoins été obmife.

VI. Ce n'eft pas feulement le prédéceffeur de Son Alteffe Electorale de Mayence, ce font la plupart des Electeurs, qui après avoir eu connoiffance de ces indecentes Proteftations, ont été d'avis qu'elles ne devoient pas être dictées. Comment eft-il poffible qu'à préfent on ait été fi vîte en befogne, fans aucune communication ultérieure, à l'improvifte?

VII. Il eft vrai qu'au XIII. Article §. 6, de la Capitulation d'Election, il eft reglé que quand l'Electeur de Mayence, mettra

quel-

re, un exemple où l'on se soit égaré jusqu'à ce point-là. Les suites d'une conduite si violente sautent aux yeux de toute personne raisonnable, & font voir suffisamment quels principes inouis, étrangers & despotiques la Cour de Bavière voudroit introduire en Allemagne. Selon les loix fondamentales de l'Empire, tant anciennes que nouvelles, rien n'est plus sacré que la liberté des Diétes, & la parfaite sureté des personnes qui doivent s'y trouver. Il est pourtant arrivé ce qu'on a vû ci-dessus & par-là tout le Droit, toute la sureté, la décence, la constitution fondamentale de l'Empire, & même le Droit de la Nature & des Gens, ont été extrêmement lézés, & même détruits. C'est une triste

R E M A R Q U E S.

quelque chose en déliberation (*a*) conformément à la proposition Impériale (*b*), & pour le plus grand bien de l'Empire, on n'y apportera nul obstacle; & de même (*c*) quand cela regardera les plaintes des Etats, contre les Conseillers de l'Empereur, les Conseillers Auliques, ou ceux de sa Maison, ou d'autres Conseils. Mais peut-on bien dire que c'est pour le plus grand bien de l'Empire que l'on proteste contre une Election unanime & qu'on la traite de nulle & d'invalide? Est-il bien permis d'accepter une Protestation dressée, non contre quelques Conseillers, mais contre ce qui a été fait par tout le Collège Electoral, contre la Reconnoissance de tout l'Empire, & contre l'Electeur de Mayence lui-même? Mais la prendre, sans en communiquer avec personne, & la mettre entre les Actes, c'est ce qui doit encore moins être permis.

VIII. L'Electeur de Bavière est dénoncé comme Partie en cette affaire, quoiqu'il ne s'agisse point de sa prétension particuliére sur l'Autriche, mais de l'Election Impériale, affaire dans laquelle l'Electeur de Bavière avoit un droit de suffrage incontestable, comme l'ont eu ci-devant la Bohème & l'Autriche.

IX. Les fondemens des prétendus Actes de reserve, & des Protestations de nullité portent sur deux faits: 1. Sur la suspension du suffrage de Bohème dans l'Election, qui du reste s'est faite unanimement. 2. Sur ce que l'invitation de se

trouver à l'assemblée de l'Empire qui étoit transferée à Francfort, n'a pas été faite, à ce qu'on prétend, d'une manière convenable. Mais quand on veut dresser une Protestation ce doit être contre ceux qui sont les Auteurs du fait ou qui y ont donné lieu. Or la suspension de la voix de Bohème ne s'est faite, ni par Sa Majesté Impériale comme Empereur, ni par l'assemblée de l'Empire. Il est donc injuste de protester contre Elles.

X. La prétension que Sa Majesté Impériale forme sur les pays de l'Autriche, n'a pas donné le moindre lieu à la suspension du suffrage de Bohème. D'autres Puissances avoient aussi de pareilles prétensions; mais la difficulté étoit, de determiner la question sur l'explication de la Bulle d'or, savoir, si les fonctions Electorales étant attachées au sexe masculin par la regle, l'Electorat de Bohème a la prérogative de faire une exception à la regle? & si une Reine de Bohème peut être Electeur & Archi-Officier de l'Empire?

XI. Sans entrer dans les raisons qui furent alléguées pour & contre, il faut pourtant avouer que le cas n'est jamais arrivé, qu'une Reine de Bohème ait exercé la fonction Electorale, ou par Elle-même, ou par ses Ministres, ou par un Corregent.

XII. Quand même il n'y auroit eu aucune contestation sur la Succession de Charles VI.; à moins que la superiorité de la Cour

trifte marque que, par l'informe écrit de notification dont il a été fait mention dans la première annexe aux actes de Proteftation de ce côté-ci, on n'a cherché autre chofe qu'à faire illufion à tous les Etats bien-intentionnez pour la Patrie. Toutes les circonftances de ce qui s'eft fait dans cette occafion, confirment parfaitement les réflexions précédentes. Comme, après le refus que le Miniftre Directorial de l'Electeur de Mayence avoit fait, de recevoir les Actes de Proteftation, l Ambaffade d'Autriche prit la refolution à Ratisbonne d'envoyer les deux Sécrétaires d'Ambaffade à Francfort, pour y faire l'infinuation dans le tems convenable; & que d'un autre côté on donna à divers Miniftres

R E M A R Q U E S.

Cour de Vienne n'eût prévalu, on n'auroit pourtant pû fe difpenfer de douter, fi la voix de Bohème devoit être donnée au nom de la Reine de Bohème, ou de quelque autre; & c'étoit à quoi il falloit remedier. Mais il fe préfentoit encore une autre difficulté.

XIII. A qui apartenoit-il d'interpréter la Loi? Si le Collège Electoral s'étoit attribué ce droit, le Collège des Princes s'y feroit fans doute oppofé & auroit infifté fur le droit de faire des Loix & de les interpréter, qui appartient à tous les Etats felon le traité de Paix. Le Collège Electoral au contraire auroit peut-être foutenu que s'agiffant d'une Affaire qui concerne le fuffrage, & la féance dans l'Election, ce qui eft à remarquer, la decifion de cette queftion appartient au Collège Electoral privativement à tout autre; parce que toutes les affaires qui concernent l'Election, font des prérogatives principales qui font refervées à Lui feul.

XIV. Sur ce pied là on n'auroit pu en aucune manière parvenir à l'Election; car devoit-on attendre de la Diéte une décifion? Elle n'étoit point en activité, & comme on fait, il n'étoit pas poffible de l'y mettre, comme il eût été pourtant néceffaire, pour qu'elle pût éxercer le droit de faire des Loix, & de les interpréter. Sans Empereur, la Diéte ne fauroit être retablie dans fon entiére activité; & felon la fuppofition, fans la decifion de ce point l'Election étoit impoffible.

XV. Si les Electeurs en vertu des prerogatives qu'ils ont, avoient entrepris de decider feuls & definitivement cette queftion; de quelque manière que la chofe eût tourné, la partie qui auroit été mécontente auroit excité de grands troubles, & felon toute apparence tous les autres Etats auroient fait caufe commune contre les Electeurs; ce qui auroit aifément caufé la ruine de tout l'Empire.

XVI. L'Affemblée qui étoit à Francfort pour l'Election, pouvoit-elle dans ces conjonctures rien faire de plus moderé, & de plus prudent, que de laiffer à part la décifion effective de cette Queftion & l'interprétation de la Bulle d'or, & néanmoins de donner à l'Empire un très digne Chef, par la voye de l'unanimité, fans vouloir préjudicier le moins du monde aux Droits que la Couronne de Bohème peut avoir, ni à ceux des autres Etats?

XVII. Ce qui eft arrivé ne s'eft donc fait, ni par l'Electeur de Baviére, ni par Sa Majefté Impériale comme Empereur: C'eft l'Ouvrage de tout le Collège Electoral. Comment donc fe peut-il que d'un côté on prenne à partie Sa Majefté Impériale, & qu'on fe déchaine contre Elle dans les Actes de Proteftation? & que de l'autre côté on attaque tout l'Empire, & qu'on préfente contre Lui, qui n'a eu aucune part à ce qui s'eft fait, une Proteftation prétextée, avec une déclaration de nullité?

XVIII. Que l'Election eft tombée fur Sa

N 2　　　　　　Ma-

niftres les paffeports qu'ils fouhaitoient, & nommément au Miniftre Directorial de l'Electeur de Mayence, à celui de l'Electeur de Brandebourg, à ceux de Wolffenbutel, & de Heffe-Darmftadt, à quoi l'Ambaffade
d'Autriche devoit d'autant moins s'attendre qu'on faifoit des difficultez
d'accorder des paffeports de Monfieur le Baron de Francken Ambaffadeur de l'Electeur Palatin, & par *Interim* de l'Electeur de Bavière;
que d'un côté il fit remettre à Monfieur le Baron de Plettenberg l'Acte
de notification de l'Electeur de Bavière mentionné dans la première
Annexe, & que de l'autre côté pour éviter toutes les oppofitions qu'on
pourroit fufciter, on fouhaita que les paffeports fuffent expédiez, en
n'y

R E M A R Q U E S.

Majefté Impériale, ce n'eft ni une fuite ne-
ceffaire, ni un motif capital de la fufpenfion du fuffrage de Bohème :   On eût pu
auffi-bien élire un autre Empereur. Si le
Grand Duc de Tofcane avoit eu la pluralité , croit-on qu'à Vienne on fe fût
avifé pour cela de foutenir qu'une telle
Election étoit nulle & invalide, parce
que la Bohème n'y auroit pas donné fon
fuffrage ?

XIX. Mais fuppofons auffi qu'on ait
porté préjudice à Madame la Grande
Ducheffe par la fufpenfion de fes droits;
pofons de plus que la Bulle d'Or eût été
interprétée en fa faveur , & pofons enfin
qu'on ne puiffe l'empêcher de mettre, par
une Proteftation, fon Droit à couvert
pour les cas à venir :   Où donc trouve-
t-on dans cette Loi, & dans les autres
Loix de l'Empire, la peine de nullité établie ? Quand il arrive, comme dans le cas
d'aujourd'hui, que tous les Electeurs ne
font point préfens , & ne peuvent donner leurs fuffrages; & particuliérement ,
quand il fe rencontre en quelqu'un d'Eux
quelque empêchement qui ne peut pas
être facilement levé; & que cependant les
autres vont legitimement leur chemin, &
que l'Election s'acheve par l'unanimité ;
où eft la Loi , qui dife qu'une Election
en ce cas , doit être nulle, & non valable?
Ou plutôt, la Propofition avancée par la
partie adverfe dans les Actes de Proteftation fi fouvent alléguez, qu'il y a une
Amende pecuniaire établie en cas d'ex-

clufion, fi elle étoit réellement arrivée,
(fans parler néanmoins du cas où les
Etats auroient trouvé bon de la manière
qu'il a été dit, de n'établir qu'une fimple
Quiefcence par *interim*) pour ne point
differer l'Election, & ne pas laiffer plus
long-tems l'Empire fans un Chef; il n'y
auroit tout au plus qu'une Amende pécu-
niaire, ce qui autrement n'auroit pas été
regardé comme fuffifant, fi l'éloignement
du fuffrage mis à l'écart avoit annullé
par foi-même la validité de toute l'E-
lection ; ajoutons que, quand même on
compteroit le fuffrage de Bohème comme contraire, l'Election ne laifferoit pas
pour cela d'être valable.

XX. En tout cas ce font les Electoraux qui proprement font les parties gré-
vantes, & non pas l'Empereur & l'Empire. Si donc on vouloit protefter contre Eux pour la confervation des Droits,
il ne falloit pas prendre à partie ni l'Empereur, ni l'Empire , qui ne font ici qu'un
Tiers innocent & n'ont eu aucune part à
l'exclufion du fuffrage de Bohème.

XXI. Il faut donc que l'intention ait
été d'accufer , tant l'Empereur, puifqu'on ne Le reconnoit point pour tel, que
tout le Collège des Electeurs ; de Les
traduire devant tous les autres Etats de
l'Empire, & en même-tems de rendre
ceux-ci feuls juges de cette affaire; &
par-là de fufciter dans l'Empire des troubles & des difcordes : & pour éxecuter
des vuës particulières, on a voulu allumer
une

n'y exprimant que les feuls noms des perfonnes qu'on fe propofoit
d'envoyer , fans fpécifier leurs caractères ; la reponfe n'en fut pas
moins negative: & ce qu'il y a de remarquable, après qu'on eut donné à
connoître que ce qu'on demandoit ne s'accordoit pas , comme on peut
voir plus au long dans le recueil N. 2. on ajouta: „Sa Majefté Impe-
„ riale ne reconnoît point de Sécrétaires d'Ambaffade de l'Electorat
„ de Bohème, ni de l'Autriche ". Outre cela le Baron de Francken, ne pouvoit faire expédier aucun paffeport fans un ordre particulier: Une nouvelle preuve convaincante , c'eft que quand on fouhaita
de ne mettre que les noms fur les paffeports, fans defigner les caractè-
res

une guerre générale de tous contre tous.
Il n'y a point de Patriote honnête homme, qui veuille entrer dans ces vuës, &
qui au contraire ne foit toujours prêt
à les prévenir.

XXII. On a mauvaife grace de nous
dire que Madame la Grande Ducheffe
n'a rien à demêler avec le refultat de
l'Election, mais qu'elle n'en veut qu'à la
manière dont elle s'eft faite & à la confervation de fes Droits; car les trois Ecrits
ne difent rien qui méne à cet objet: loin
de là, ils difent directement tout le contraire. On y refufe à Sa Majefté fon
Titre & fa Dignité; c'eft pourtant là le
refultat de l'Election.

XXIII. On eft auffi peu fondé à protefter contre la Diéte de l'Empire, & à
La traiter de nulle & d'invalide , fans autre raifon , fi - non qu'on n'a pas donné à
Madame la Grande Ducheffe de Tofcane , dans les Lettres Circulaires, les titres
qu'elle fouhaitoit ;

XXIV. Car c'eft encore le fait d'un
Tiers; favoir, de la Chancellerie de l'Empire : & non des Etats affemblez en Diéte ; Cela ne les regarde point : on ne
peut donc s'en prendre à eux.

XXV. Ainfi on ne fauroit comprendre
comment, en conféquence , d'un fait tra-
vefti, l'affemblée de l'Empire qui ne fe
mêle point de la Convocation des Etats,
peut être punie & déclarée nulle & non-
valable , ni comment elle peut être regardée comme une efpéce d'Affemblée,

qui ne peut prendre aucune réfolution
bonne & valide.

XXVI. Quoique le decès du feu Empereur Charles VI. empêchât l'activité
de la Diéte, il eft pourtant de fait que
fon exiftence n'a point été interrompue,
que la Diéte convoquée par Léopold
en 1662. n'a point été caffée, & que Sa
Majefté Impériale aujourd'hui regnante
n'a pas-plus convoqué une nouvelle Diéte , que Jofeph & Charles VI.

XXVII. Il faut même que l'on penfe
ainfi à Vienne, puifque l'Ambaffade Autrichienne , qu'on avoit cru durant
l'interregne devoir legitimer de nouveau,
on la tient encore à préfent pour legitimée , & on fait porter par elle les écrits
à la Diéte de l'Empire; & tout cela n'auroit pas lieu, fi la Diéte avoit entièrement
ceffé, parce que fi-tôt qu'elle ceffe, il n'y
a plus de Directoire, ni on ne peut pro-
ceder à la legitimation des Ambaffadeurs
& Miniftres.

XXVIII. Or , la Diéte préfentement
affemblée à Francfort, eft précifément la
même qui a fubfifté à Ratisbonne depuis
1662. Sa legitimité, ou fa nullité, ne peut
dépendre du Différent , qu'il y a entre
Sa Majefté Impériale , comme Electeur
de Bavière , & la Cour de Vienne , au fujet des Titres, &c. La Diéte en feroit auffi-
peu nulle, que quand dans une fufcription,
on n'auroit pas donné à un autre Etat les titres, qui lui appartiennent, ou qu'il fouhaite.

O   XXIX.

res des deux Sécretaires d'Ambaffade, qui devoient être envoyez, le refus n'en fut fait pour aucune autre raifon, que pour fermer à Sa Majefté la Reine tous les chemins par où elle pouvoit porter à la connoiffance de l'Empire, fes griefs qui font fi étroitement liez avec la liberté des Etats de l'Empire, la fureté générale, la tranquilité & la profpérité de la Patrie. Mais pour mieux mettre devant les yeux les vûës, de même que l'injuftice de la partie adverfe, l'Ainé Pofch Commis de la Chancellerie Autrichienne, fut depéché à Monfieur le Baron de Francken & à Monfieur le Feld-Maréchal Comte de Törring, au fujet des paffeports. Il n'en tira d'abord qu'une reponfe dilatoire, comme on voit au N. 3. Ainfi les deux perfonnes qu'on avoit deffein d'envoyer à Francfort, fe rendirent eux-mêmes auprès du Feld-Maréchal de Törring, dans l'efpérance que les paffeports demandez en feroient d'autant plutôt expédiez que Mr. le Général Feld-Maréchal de Kevenhuller avoit accordé de bonne grace des paffeports à des Cavaliers de Bavière, qui devoient aller à Francfort. Il arriva néanmoins tout le contraire, & même le Comte de Törring ne voulut pas leur donner fa parole, qu'ils ne trouveroient point d'obftacle à leur voyage de la part des Troupes qu'il commandoit. Bien plus, il leur dit plus d'une fois qu'ils ne pafferoient point avec fureté, & ce qu'il y a d'étonnant, il offrit d'expédier fans délai un paffeport pour le fils de Monfieur de Plettenberg, comme tout cela fe trouve rapporté & detaillé dans le recueil N. 4. Que par-là les Droits des Etats, avec tout ce qu'éxige la bienféance, &

le

R E M A R Q U E S.

XXIX. De plus, la manière dont l'activité d'une Diéte doit être rétablie par l'Empereur nouvellement élu, n'eft point prefcrite dans les loix de l'Empire. Les Empereurs précedents l'ont fait par l'envoi d'un principal Commiffaire & par fa legitimation. L'Empereur d'aujourd'hui a jugé néceffaire d'inviter la Diéte à Le venir trouver à Francfort; Il l'a fait par des Lettres Circulaires, pendant qu'Il l'eût pu faire par un fimple Decret de Commiffion qui auroit été dicté à Ratisbonne. Si donc dans l'expedition d'un pareil écrit, on n'a point donné à Madame la Grande Ducheffe les titres qu'elle fouhaite, eft-il bien poffible que pour cela on jette les hauts cris, & que l'on déclare que toute la Diéte, eft nulle, invalide, & illégitime?

XXX. Jamais, de toute éternité, on ne produira une feule Loi, qui ftatue que, quand il y a difpute fur la Succeffion d'un pays, comme il arrive dans le cas préfent, & que l'activité des fuffrages attachez à ce pays eft arrêtée, la Diéte doit être nulle & invalide, pour cette raifon. Les fuffrages de Juliers, de Berg & de Cléves, fe repofent depuis un Siécle, quoique les Maifons Palatine & de Brandebourg, s'en trouvent en poffeffion; & cependant perfonne ne s'eft jamais avifé de reprocher à la Diéte le vice de nullité.

XXXI. Que Sa Majefté Impériale, comme Electeur de Bavière, a Prétenfion fur le pays d'Autriche, c'eft ce que tout le monde fait; mais fi & comment cette prétenfion eft fondée, ce n'eft pas ce dont il eft ici queftion; il fuffit qu'on ne pouvoit exiger de Sa Majefté, qu'en donnant les titres de Bohème & d'Autriche, Elle fe condamnât Elle même. Elle a fait néanmoins inviter Madame la Grande Ducheffe à la Diéte, fans déroger à fes propres Droits.　　　XXXII.

le Droit des Gens, foit lefé de la manière la plus fenfible, & que toutes les remarques qu'on a faites ci-devant foient confirmées d'une manière fans replique, le cours de l'affaire le dit affez.   Si un Etat fi illuftre, fi puiffant, qui a fi bien mérité de la Patrie, & qui a en fa faveur la garantie de l'Empire la plus forte, tel qu'eft Sa Majefté la Reine, eft expofé à quelque chofe de pareil, d'autres Etats moindres peuvent aifément juger combien font affurées leurs précieufes libertez & les droits effentiels des Etats de l'Empire.   Tout ce qu'on pourroit dire du peril qui les ménace, n'approchera pas de ce qu'il eft en effet, & de ce qui faute aux yeux.   Si jamais il s'eft préfenté un objet d'un Grief commun des Etats de l'Empire, c'eft dans la préfente conjoncture qu'il fe trouve fur-abondamment. Et fi d'un autre côté on s'entendoit mieux là-deffus, Sa Majefté la Reine, concoureroit felon fes offres invariables & ne manqueroit pas de communiquer fincérement les fuites au public, en quoi cependant fadite Majefté ne peut fe difpenfer de s'addreffer là-deffus aux Seigneurs Co-Etats, qui ne font point intereffez dans le fait & en tant que cela appartient au Droit des gens, & de fe plaindre à S. A. Electorale de Mayence de la conduite de fon Miniftre Directorial, & de difpofer, par un écrit figné de fa main, Son Alteffe Electorale à porter à la Dictature les Actes de Proteftation, & les deux Annexes, qui n'ont point été reçues, & les faire mettre parmi les Actes de l'Empire, & en conféquence de ne point refufer fon Miniftre Directorial.   Mais en même tems nous ne pouvons pas, felon l'ordre Royal de Sa Majefté,

nous

R E M A R Q U E S.

XXXII. Ainfi tout ce que Celle-ci étoit en droit de faire, fe reduit tout au plus à ceci; Qu'elle pouvoit former devant la Diéte un Grief de la prétendue informe Convocation, & de ce qu'on ne lui avoit pas donné les titres qu'elle vouloit, & chercher à en trouver les remedes. Si pourtant elle avoit cherché à être admife, après avoir reconnu expreffément l'Empereur comme tel, (car autrement il n'eft pas naturellement poffible qu'aucun Etat foit admis à la Diéte), elle pouvoit demander l'éclairciffement & la décifion de l'Empire : Mais il n'eft pas poffible que pour un Différent qu'elle a avec la Chancellerie de l'Empire pour des Titres, elle foit en droit de dire que toute une Diéte de l'Empire, qui fubfifte depuis quatre-vingts ans, eft nulle & invalide : car la legalité ou confiftence de la Diéte ne dépend pas de ce qu'on auroit lézé les titres de la Cour de Vienne.

XXXIII. En tout cas, fi la Cour de Vienne veut faire une Proteftation fur l'un ou fur l'autre point, elle ne peut, ni ne doit la faire uniquement, que fur fon Droit particulier qu'elle s'imagine être lézé.

XXXIV. Mais il eft injufte d'exiger de l'Empire que des Ecrits où, pour des motifs fi frivoles, fon Augufte Chef, & fon Affemblée générale font déclarez nuls & invalides, foient mis entre les Actes de l'Empire.

XXXV. Il eft encore plus injufte & plus puniffable, qu'à cette occafion, on ait en même-tems forgé tant de menfonges, de calomnies, de fauffes imputations, & lancé tant d'outrages contre Sa Majefté Impériale, contre le Collège des Electeurs, & contre tout l'Empire.

XXXVI. De tout cela il refulte donc, que, pour maintenir l'honneur de l'Empire, & pour prévenir le fcandale qu'en auroient

O 2

nous difpenfer , puifque tous les chemins nous font fermez, pour faire cette infinuation à Francfort, & afin de ne laiffer aucun autre moyen que nous n'ayons effayé, de faire remettre encore pour cette fin à Mr. le Sécrétaire d'Ambaffade de l'Electeur de Mayence, qui eft refté à Ratisbonne, ces Actes de Proteftations & ces Annexes. *Ulteriora refervando.*

REMARQUES.

roient les pays Etrangers , & toute la Pofterité, il n'eft pas poffible, que l'Empire voyant maltraiter de la forte fon legitime Chef, & très digne Empereur, & même fe trouvant Lui-même infulté, garde le filence ; ni, que l'aprouvant au moins tacitement, Il laiffe paffer la chofe impunément : On doit plutôt s'attendre que du moins il fera biffer, & rejetter des Actes ces Ecrits calomnieux & diffamatoires, fuppofé qu'il n'en faffe pas un plus rude châtiment.

F I N.

F A U T E à C O R R I G E R.

A la page 16. *dans la* REMARQUES No 39. *il faut lire.* Ce phantome au moyen du quel l'Allemagne a été dans tous les autres tems épuifée pour les intérêts particuliers de la Cour de Vienne;